Confessions d'une mère qui en a marre

Muffy Mead-Ferro

Confessions d'une mère qui en a marre

De nombreuses désignations utilisées par les fabricants et les vendeurs pour différencier leurs produits sont des marques de commerce. Lorsque de telles désignations apparaissent dans ce livre et que l'éditeur était au courant de leur existence, ces marques de commerce ont été imprimées avec une majuscule initiale.

Publié précédemment aux États-Unis sous le titre *Confessions of a Slacker Mom* par Da Capo Press, a member of the Perseus Book Group.

Traduction : Hermine Ortega
Révision : France de Palma
Conception graphique et mise en pages : Folio infographie
Couverture : Folio infographie
Photo de la couverture : © Corbis
Imprimé au Canada

ISBN 2-923351-29-0
Dépôt légal – 1er trimestre 2006
Bibliothèque nationale du Québec

À ma mère

CHAPITRE I

Adieu, troupeau

Dans cette ère d'information et d'hyperefficacité, j'ai parfois l'impression que nous, les mères et les futures mères, sommes devenues la propriété de quelqu'un d'autre. Des pupilles de l'État. Des idiotes.

Impossible de mettre le pied hors du lit, le matin, sans se sentir obligées d'acheter un tas de trucs très chers et de faire une foule de choses absurdes et franchement désagréables qui feront de nous une supermaman qui mettra au monde un supergamin. Nous sommes submergées de conseils sur la façon d'y parvenir. Et il est interdit de remettre quoi que ce soit en question !

Personnellement, ça me donne envie de me recoucher immédiatement.

À mi-chemin de ma première grossesse, lorsque j'attendais ma fille Belle, j'ai commencé à rouspéter. À ce moment, je connaissais bien les affirmations et les conseils détaillés que mon état physique ne manquait pas de provoquer. Mais je me suis mise à résister à toutes ces directives que je recevais.

Le premier signe révélateur que j'allais devenir une maman fainéante fut une tendance au sarcasme. « Comme si j'avais besoin d'un bébé intelligent », marmonnais-je lorsqu'on me parlait du dernier gadget destiné à stimuler l'intellect *in vitro*.

Cette attitude négative s'accompagnait de crises de paresse récurrentes. « Quand les poules auront des dents », pensais-je, lorsqu'il était question de noter sur un graphique la consommation de liquide de ma fille et la fréquence de ses selles.

Le nombre et l'intensité de ces réactions troublantes et très politiquement incorrectes n'ont fait qu'augmenter au cours de ma grossesse. Un peu comme les douleurs de l'accouchement. Cependant, je faisais de mon mieux pour les ignorer ; je ne savais pas encore que j'étais une fainéante et je n'étais pas prête à en accepter l'idée.

Bien au contraire, d'ailleurs. Tandis que je passais soixante heures par semaine dans une relation à la fois passionnée et hostile avec le plus gros client de l'agence de pub pour laquelle je travaillais, je prenais consciencieusement mes vitamines prénatales. J'avais aussi arrêté le crack. Bon d'accord, je n'en avais jamais fumé, mais on m'avait convaincu que les martinis et les doubles cafés au lait ne valaient pas mieux, et depuis, je m'abstenais.

Je lisais aussi cinq livres sur la grossesse à la fois tout en essayant d'ingurgiter les conseils prodigués par les magazines, les émissions de télé, les sites Internet, ainsi que par de parfaits étrangers rencontrés dans les rayons des grands magasins. J'étais enceinte, les dés étaient jetés.

Je n'étais même pas vraiment certaine de la signification de cette expression, mais pour moi, elle traduisait bien la paranoïa que je ressentais. « Les dés sont jetés », ne cessais-je de me répéter.

En d'autres mots : ne lâche pas maintenant, parce qu'il n'y a pas de retour en arrière.

Mais j'avais déjà l'impression de ne pas être à la hauteur. Par exemple, je n'arrivais toujours pas à trouver le temps de m'allonger avec des écouteurs sur le ventre pour faire écouter du Mozart à mon fœtus afin que mon enfant devienne meilleur en maths.

J'avais vu les écouteurs spécial abdomen dans un catalogue, accompagnés de la preuve de leur efficacité. Enfin, ce n'était pas vraiment une preuve, mais plutôt des témoignages élogieux de mères parfaites dont l'objectivité n'était étonnamment jamais mise en doute. Cependant, je ne les avais pas achetés, et la femme organisée que j'étais se sentait coupable.

Selon la description, ces écouteurs augmentaient les chances que mon enfant devienne un intello. Alors pourquoi ne pas les acheter ? Comment pouvais-je laisser passer les jours précieux de ma grossesse sans jamais stimuler mon fœtus, ce petit paresseux ?

Parce qu'ils étaient chers ? Parce que j'étais trop occupée ? Faibles excuses, considérant ce qui était en jeu. Mais il m'était impossible de faire mieux, alors que j'essayais de continuer à travailler tout en jonglant avec mes rendez-vous chez le coiffeur et en essayant d'aménager la chambre du bébé. Et c'était loin d'être facile. Je devais voyager toutes les semaines pour mon boulot, ce qui ne me laissait que peu de temps à passer à la maison et dans les magasins pour bébés.

J'ai finalement réussi à bloquer un samedi pour faire un marathon de shopping pour bébé accompagnée d'une copine très organisée. Elle avait accouché huit mois auparavant de son premier bébé, et donc, de mon point de vue, c'était une spécialiste. Quand j'y repense aujourd'hui, je me rends compte (tout comme elle, sans doute) qu'elle devait être aussi perdue que moi, qu'elle était victime des mêmes campagnes de marketing et qu'elle subissait les mêmes pressions sociales.

Ce jour-là, nous étions bien préparées. Elle m'avait généreusement offert de rédiger une liste : quatre pages d'articles indispensables que je devais acheter au cours d'une course folle d'un bout à l'autre de la ville. Je ne discutai même pas. J'étais d'humeur « au diable la dépense », si fréquente quand on est légèrement déséquilibrée. Ou enceinte de huit mois.

J'avais passé toute la journée à contribuer à l'endettement national, et pourtant, je n'avais réussi à trouver que 90 % des articles de ma liste, et les 10 % qui me manquaient me donnaient l'impression d'avoir échoué dans ma mission.

En particulier, j'attendais toujours le berceau que j'avais commandé des semaines auparavant à un magasin tout ce qu'il y a de plus snob, et je me demandais ce que j'allais faire s'il n'arrivait pas avant le jour J. Mon bébé avait besoin d'un endroit où dormir, voyons ! Je ne savais pas si je devais continuer à appeler le magasin ou bien l'incendier subrepticement avec un cocktail Molotov.

Autant dire que j'étais dans un état d'anxiété avancé.

Dieu merci, le lendemain soir de cette journée de shopping effrénée, j'ai reçu un coup de fil d'une amie qui habitait en Alaska. Mère de deux enfants, enceinte du troisième, elle appelait pour prendre des nouvelles de ma grossesse tardive et s'enquérir de mon plan de carrière après la naissance du bébé.

Quand elle m'a demandé si j'étais prête à accueillir ce petit être dans ma vie, j'étais trop obsédée par l'état déplorable de la chambre du bébé pour comprendre qu'elle faisait référence à mon état d'esprit et non pas à ma liste de courses. Aussi lui ai-je répondu qu'il me manquait encore un certain nombre d'articles, dont le fameux berceau.

Elle a répondu à mon désespoir par un grand éclat de rire. « Tu plaisantes ? Mon petit garçon a dormi dans un panier à crabes pendant six mois ! »

Je suis restée bouche bée. Je savais que j'avais bien entendu ; elle avait dit : « panier à crabes », cette espèce de cage faite de planches clouées que l'on met au fond de l'océan pour attraper des crabes. Beurk. J'étais désolée pour le bébé.

Mais cet élan de vaine compassion n'a pas duré. Son petit garçon s'en fichait. Et dans ce cas-là, pourquoi s'en soucierait-elle ? Apparemment, elle ne s'inquiétait pas non plus de l'opinion générale, et c'était bien ça, le plus impressionnant. Si une mère pouvait faire ça en Alaska... J'ai tout de suite compris où ça pouvait me mener.

En raccrochant, je suis allée dans la salle de bains, j'ai regardé la maman stressée dans le miroir et je lui ai dit de but en blanc : « Tu es idiote ou quoi ? »

Je ne me reconnaissais pas. J'avais pourtant grandi sur une ferme, pour l'amour du ciel ! Dans notre famille, c'est nous qui dirigions les vaches, nous ne suivions pas le troupeau ! Et je n'avais pas besoin qu'une bonne femme en Alaska m'apprenne la vie. J'étais la fille de Mary Mead, une femme qui nous laissait jouer dans la boue, mes frères et moi quand nous étions petits.

Ma mère faisait les choses à sa façon. Elle n'avait jamais eu de berceau et n'avait sans doute jamais rien fait de ce qui était inscrit sur ma liste. Je n'étais peut-être pas encore prête à jeter celle-ci à la poubelle, mais j'allais la réexaminer sérieusement.

À ce moment-là, je ne m'inquiétais déjà plus du berceau. D'ailleurs, j'aurais sans doute annulé ma commande si je n'avais pas déjà dit au gérant du magasin que c'était une question de vie ou de mort. Mon bébé pouvait dormir n'importe où ; pour lui, une boîte en carton valait bien une suite au Plaza.

J'ai aussi réfléchi avec un scepticisme nouveau aux articles excessivement chers que j'avais achetés ce jour-là. En y repensant objectivement pour une fois, j'ai réalisé que certains d'entre eux étaient toujours essentiels (le thermomètre), mais que plusieurs autres se classaient à présent dans la catégorie des objets de luxe (la table à langer). Et pour être tout à fait honnête, certains de ces articles pouvaient même être qualifiés de gros tas de débris en plastique (le centre d'éveil premier âge).

J'ai aussi repensé aux accords du Concerto pour piano n° 21 de Mozart dont je privais mon foetus. « Ma mère n'a jamais fait ça, me suis-je dit, et j'ai toujours été plutôt bonne en maths. » Quand j'ai réalisé que la mère d'Einstein n'avait sans doute jamais fait ça non plus, j'ai immédiatement rayé cette idée de la liste des choses qui me rendaient coupable.

Mon bébé n'a cependant jamais eu l'occasion de profiter de ma nouvelle prise de conscience pour dormir dans une boîte en carton, car le berceau tant attendu est arrivé à temps. Au moins, il était joli, ce n'était pas un horrible truc en plastique jaune. Je l'ai aussitôt classé dans la même catégorie que mes chaussures Prada : celle des plaisirs personnels extravagants. Du coup, ça m'a aidée à digérer le prix du berceau.

D'ailleurs, je tiens à mentionner que je n'ai rien contre les plaisirs extravagants. Mais je tiens à appeler un chat un chat, et à bien faire la différence entre mes plaisirs personnels et ceux qui sont pour mon enfant.

Le berceau, par exemple, était un plaisir personnel. Bien sûr, il a été utile pendant environ trois mois. Mais pas essentiel. D'ailleurs, si quelque chose était bien essentiel, c'était de commencer à suivre mon instinct.

Évidemment, ce n'est pas toujours facile à faire quand on est sur le point d'accoucher, en pleine folie dépensière, entraînée dans une frénésie de décoration et de travaux ménagers jusqu'au moment où on perd ses eaux. En général, l'expression utilisée pour décrire cet état est « construire son nid » ; plutôt sympa, non ? Mais dans mon cas, « délire prénatal » aurait sans doute été plus juste. C'est probablement plus ou moins inévitable, surtout pour le premier enfant. Mais j'ai découvert qu'avec quelques idées et un brin d'improvisation, je perdais moins de temps et d'argent, tout en donnant un exemple qui pouvait être utile à mes enfants.

Cet exemple, c'est comment faire avec.

Si vous ne savez pas de quoi je parle, demandez à votre grand-mère, si vous avez la chance d'en avoir une qui soit encore en vie. Faire avec, c'est aussi faire sans ; c'est l'art d'accomplir des choses extraordinaires comme faire une tarte aux pommes sans pommes.

Lorsqu'elle s'est mariée, ma grand-mère est entrée dans une famille d'éleveurs du Wyoming. Et si elle ne savait pas comment faire avec avant ce moment, elle a dû l'apprendre sur-le-champ. Elle nous a souvent raconté comment elle a élevé ses enfants (mon oncle et ma mère) dans le ranch pendant les années 30 et 40. Ils ne pouvaient faire les huit kilomètres qui les séparaient de la ville que deux ou trois fois par hiver, et le voyage devait s'effectuer en traîneau tiré par deux chevaux, ce qui prenait du temps.

Et même si elle avait habité en ville, le magasin du coin n'aurait pas vendu de lait en poudre, de couches jetables, de petits pots pour bébés, ni tout ce qui me semble pourtant évident et dont je n'aurais sans doute pas pu me passer. Pendant dix mois de l'année, ils n'avaient même pas de pommes.

— Mais comment t'en sortais-tu ? lui demandais-je souvent.

— Je me débrouillais, répondait-elle.

— Mais comment ? persistais-je.

Elle ne possédait aucun objet de la vie moderne et pourtant, pour elle, la maternité n'était jamais un fardeau.

Ma grand-mère ne mépriserait cependant pas les mamans modernes pour autant. Elle trouverait pratique de pouvoir prendre avantage de certaines commodités si elles étaient à sa disposition. Mais cela illustre bien la nature relative du « besoin » lorsqu'on pense aux générations précédentes qui ont élevé plein de bébés heureux et en bonne santé – voire intelligents – sans aucun des articles de ma liste d'achats.

Les souvenirs de ma grand-mère m'ont permis de remettre en perspective ce qui était essentiel et ce qui ne l'était pas. J'ai pensé à elle en déballant un cadeau de naissance qui s'est avéré être un de ces gadgets appelés chauffe-lingettes. Pour celles d'entre vous qui habitent en Mongolie et qui n'en ont jamais entendu parler, il s'agit d'un petit récipient que l'on branche et qui tient les lingettes au chaud afin que les fesses du bébé ne ressentent aucune variation de température pendant les changements de couche.

Ma grand-mère se rappelle encore l'époque où elle allait chercher ses couches faites main fraîchement lavées sur la corde à linge en plein hiver.

« J'avais l'impression de rapporter un tas de planchettes » dit-elle.

Évidemment, elle ne les mettait pas sur le bébé dans cet état. Elle les laissait étendues toute la journée sur une petite corde derrière le poêle dans son salon afin qu'elles deviennent chaudes et souples.

Ma mère aussi était une reine de la débrouillardise. Je suppose qu'elle avait hérité cela de ma grand-mère. Ou bien peut-être que lorsque l'on habite dans un ranch isolé du Wyoming, on n'a pas vraiment le choix. Tout comme si l'on vient d'un petit village de pêcheurs ou d'une ville minière. Je suis convaincue que la plupart des mamans de la génération précédente étaient plus débrouillardes que nous. Ma famille n'est pas un cas unique.

Mais ce qui nous différenciait de beaucoup de familles américaines, cependant, c'est que nous n'avions pas la télé. Nous faisions pourtant tout notre possible pour que notre téléviseur fonctionne, et ce, à l'aide de méthodes plus ou moins douteuses impliquant l'utilisation de papier aluminium pour la réception. Mais ça n'a jamais fonctionné et ce n'est qu'avec l'arrivée du câble que nous avons enfin pu regarder la télé. Mais à ce moment-là, j'étais déjà adolescente.

Grâce à cette faille technologique, j'ai manqué certaines connaissances culturelles que partagent mes amies. Elles peuvent toutes chanter la chanson de Candy et le *jingle* d'Albator. Je doute que ces influences vous aient été épargnées, vous comprendrez donc qu'il m'a fallu vingt ans de travail dans la pub pour pouvoir les apprécier entièrement.

Vous savez que si vous avez la télé, quelqu'un vous répète constamment, sans relâche, encore et encore (je sais, c'est redondant, mais c'est de cette façon que fonctionne le marketing) qu'il vous faut absolument, par exemple, telle marque de couche. Difficile de ne pas être convaincue quand on vous montre des hordes de bébés absolument satisfaits par ces couches et même si vous savez très bien que ceux-ci sont des acteurs professionnels.

Et la perfidie atteint son summum quand les pubs mettent en scène vos pires craintes, révélant au monde entier l'incompétence d'une maman qui a affublé son bébé d'une couche d'une autre marque qui dégoutte sur le chemisier de la belle-mère.

Et c'est à ce moment que vous êtes convaincue – inconsciemment, en tout cas – d'être soit mentalement déficiente soit terriblement négligente de ne pas avoir acheté ce produit.

Pourquoi les publicitaires s'imaginent-ils que ces messages culpabilisants puissent avoir de l'effet sur les mères ? Je ne les imagine pas parler de cette façon aux pères, vraiment pas. Mais nous, les mères, sommes-nous donc si peu sûres de nous ? Est-ce de cette façon qu'on réussit à nous convaincre d'acheter des trucs aussi farfelus que des écouteurs d'abdomen ?

Je n'en sais rien. Mais je sais ce qui arrivera si je me laisse avoir par ces pubs et que j'achète tout le matériel pour enfants que je vois dans les magazines ou dans les vitrines des boutiques. Tout d'abord, je vais faire faillite. Ensuite, mes enfants seront privés de cette merveilleuse leçon de vie : comment faire avec.

Ma mère l'a apprise de ma grand-mère, et je veux la transmettre à mes enfants. Peut-être que de cette façon, lorsqu'ils seront grands, ils seront plus débrouillards, ce qui risque même de leur être plus utile que d'être super intelligents.

Dès que je me sens un peu étouffée par la névrose moderne qui semble accompagner l'éducation des enfants, je me demande ce que je ferais si j'étais dans un petit village de pêcheurs en Alaska et que je n'avais pas accès aux cours de gym pour nourrissons ou aux conseils sur la meilleure façon d'allaiter. Et si j'élevais mes enfants dans le ranch pendant la Dépression et que je n'avais pas les moyens de payer des activités extrascolaires et des jouets éducatifs ? Est-ce que ça signifie que mes enfants seraient automatiquement désavantagés, ne sauraient rien faire et n'auraient aucune chance dans la vie ?

La réponse est toujours « Non, non et non ! » D'ailleurs, je suis de plus en plus convaincue que nos enfants s'en sortent généralement mieux sans tous ces soi-disant avantages.

Et puis j'ai réfléchi à la façon dont je voulais élever mes enfants, à la façon dont mes parents m'ont élevée. Ma mère est morte avant la naissance de Belle et Joe, mais ses méthodes d'éducation sont une source d'inspiration constante. C'était vraiment une maman fainéante, au sens le plus charmant du terme.

Je ne veux pas dire que tout le monde devrait faire comme mes parents ; au contraire, je suis certaine que tout le monde a sa propre histoire familiale et son propre bon sens.

Je pense d'ailleurs que les parents ont sans doute un meilleur instinct qu'ils ne le croient. Pas besoin d'être pédiatre ou psy pour enfants ni d'avoir la science infuse pour savoir comment élever ses enfants. Il suffit d'être un père ou une mère avec un tant soit peu d'esprit pratique, et d'être prêt à écouter sa voix intérieure plutôt que de s'incliner devant la pression inévitable des messages destinés aux « parents parfaits ».

Et n'allez pas croire que ce livre fait partie de cette catégorie ; je ne vais pas terminer chaque chapitre avec des listes du genre : « Treize articles pour bébé dont vous avez vraiment besoin », « Six jouets qui vous dureront toute une vie » ou « Trois méthodes de discipline vraiment efficaces ». Je suis bien trop fainéante pour ça.

Mais j'espère que ces pages vous feront réfléchir la prochaine fois qu'un magazine, une émission de télé, une amie ou un membre de votre belle-famille vous donnera le conseil à suivre le plus récent ou vous recommandera un achat absolument essentiel. Et si vous entendez votre petite voix pousser un soupir de dégoût, vous l'écouterez. Car vous pouvez vous y fier pour reconnaître qu'il s'agit d'un truc sans importance dont vous et vos enfants pouvez très bien vous passer.

D'ailleurs, je viens de lire un article sur Internet disant que le fait de faire écouter de la musique au fœtus dérange les rythmes naturels du corps que le bébé est censé écouter.

Hum... C'est bien ce que je me disais.

CHAPITRE 2

Un jouet, ça va, trois jouets… bonjour les dégâts

La première chose à faire, lorsqu'on apprend qu'on est enceinte, c'est d'acheter des actions Duracell. Vous pourrez ainsi constater la façon dont vous bénéficiez du déluge de jouets qui va s'abattre sur vous au cours des dix-huit prochaines années, que vous les achetiez vous-même ou que d'autres gens vous les offrent. Si quelqu'un m'avait donné ce conseil à l'époque, je n'aurais peut-être pas une si mauvaise attitude maintenant envers les jouets, et surtout envers les jouets à piles.

Et les jouets que les boîtes de marketing essaient de faire passer pour du cinéma, des outils éducatifs, de la nourriture et des boissons ne m'énerveraient peut-être pas autant. Au fait, c'est quoi déjà, Rudolf, le renne au nez rouge ? Un livre ? Une marque de céréales ? Une série télévisée ? Un animal en peluche ?

On va peut-être me reprocher de faire des déclarations anticapitalistes, mais ce livre est une confession. Alors voilà, je le confesse, je n'aime pas la plupart des jouets ; je n'aime pas les ranger, et je ne m'amuse pas lorsque je dois changer leurs piles. Et surtout, je déteste trier les pièces des jouets démontables en essayant de les réassortir entre elles.

D'ailleurs, puisque j'en suis au chapitre confession, laissez-moi dire à mes chères amies qui ont offert ce genre de jouets à Belle qu'ils ne sont pas restés longtemps à la maison. J'ai décidé qu'elle n'avait pas besoin de trucs composés de plus de soixante éléments avant d'être en âge de posséder sa propre argenterie.

Comparée à ses amis, la pauvre petite n'a jamais eu beaucoup de jouets, quel qu'en soit le nombre de pièces.

Je me souviens d'un week-end de printemps au cours duquel nous avions invité un couple d'amis avec leur petit garçon d'un an au ranch de mes grands-parents. Ils étaient arrivés dans leur gros 4x4 rempli à craquer d'articles pour enfants.

Par rapport à eux, nous n'avions rien : un siège pour l'auto et un sac à couches. Non pas que nous soyons des parents supérieurs ni même particulièrement disciplinés. C'était en partie parce que notre voiture était plus petite. Mais quelle qu'en soit la taille, mon mari et moi n'aimons pas voyager avec beaucoup de bagages. Nous sommes trop paresseux pour ça.

Évidemment, nous avions envisagé d'emporter quelques trucs avec nous. La chaise haute, par exemple. Et j'admets qu'il est plus facile de nourrir un bébé d'un an quand il est attaché à une chaise avec un plateau devant lui que lorsqu'il est en équilibre sur vos genoux.

Mais alors il aurait fallu la nettoyer. La plier. La placer dans l'espace réservé au chien dans notre voiture. Et faire la même chose au retour. Aucune envie.

Nos amis, par contre, ont extrait une chaise haute de leur voiture, ainsi qu'un berceau portable, une pile de couvertures ornées d'un monogramme et un Baby Relax. Mais le truc le plus lourd, c'était un sac de voyage géant rempli de jouets que les deux papas ont dû porter dans la maison.

« Bordel ! » a été ma première pensée. Mais je me suis vite sentie coupable et j'ai vraiment eu l'impression d'être une maman débutante mal préparée en remarquant le soin qu'ils avaient pris à ce que leur petit garçon ne manque de rien et puisse être distrait tout le week-end.

« J'espère que ça ne les dérangera pas de partager », ai-je aussi pensé. Mais je n'ai rien dit.

Je me rendais sans doute compte qu'en plus d'être une fainéante, je me transformais en quêteuse. Les deux vont souvent de paire, d'ailleurs. Mais je m'inquiétais surtout parce que notre fille n'avait aucun jouet avec lequel s'amuser. Nous avions apporté un total exact de zéro jouets et activités. Je ne peux même pas dire que j'y avais pensé puis avais rejeté l'idée en toute connaissance de cause. J'étais une mère nulle.

Heureusement, nos amis étaient très heureux de partager leurs jouets, alors tout allait bien.

Mais je sous-estimais Belle en pensant qu'elle n'aurait rien avec quoi jouer ce week-end-là. En effet, l'été suivant, nous sommes allés plusieurs fois au ranch sans jamais emporter de cargaison de jouets avec nous et Belle avait fabriqué ses propres jouets en prenant des objets trouvés sur place.

Dans la pile de petit bois pour le feu, elle avait pris une brindille de saule qui avait servi à faire griller des guimauves et se promenait en frappant toutes sortes d'objets avec. Pensez-y deux minutes et vous verrez comme c'est marrant. Bang, bang, bang, tchac, tchac, boum, frrrrrrrt.

Elle adorait aussi se promener sur la petite passerelle chancelante située au-dessus du ruisseau et se faire éclabousser par les jets d'eau. (Cette même passerelle a aussi ravi plusieurs adultes.) Et elle a immédiatement découvert le plaisir de jeter des cailloux dans l'étang.

Je ne sais pas pourquoi il est si amusant de regarder une petite pierre faire plouf dans l'eau, mais je peux dire que ça fascine des gens de tous les âges.

Je me souviens encore du bonheur de Belle en trouvant un rouleau d'essuie-tout vide lorsqu'elle devait jouer à l'intérieur. Elle lançait un cri d'un côté du rouleau et entendait sa voix ressortir de l'autre côté ; elle regardait au travers et scrutait les petites scènes qui se découpaient au bout du cercle ; elle le traînait sur le dossier des chaises canées de la salle à manger pour faire ce qui lui semblait être de la musique. Nous ne lui avons jamais annoncé que, malheureusement, ce rouleau d'essuie-tout n'était pas un jouet.

Attendez. C'en est peut-être un, après tout. Il y aurait d'ailleurs pas mal d'argent à gagner avec ça. Note à moi-même : déposer une demande de brevet.

Mais même si nous avions emporté avec nous tous les « vrais » jouets de Belle, nous n'aurions pas réussi à remplir le sac de voyage de nos amis. Et cela, grâce à la règle inflexible établie par mon mari au sujet des jouets.

C'est en fait moi qui ai favorisé cette règle en achetant, avant la naissance de ma fille un panier en osier sur roulettes d'environ soixante centimètres de long et de haut pour y mettre ses petits animaux en peluche. Je me disais qu'il serait pratique d'y ranger les ours et les lapins qu'elle avait reçus comme cadeaux de naissance.

Mais pour mon mari, c'était le début de sa boîte à jouets. C'est-à-dire que ce serait tout. C'est là que Belle rangerait tous ses jouets.

Au début, j'ai essayé d'éclaircir ce que je croyais être un malentendu : ce panier servirait à ranger une certaine catégorie de jouets, non pas la totalité. C'était plus un élément de décoration que de rangement, lui expliquai-je avec une patience magnanime. Mais le décor de la chambre du bébé ne l'intéressait pas, aussi lui ai-je dit qu'il exagérait vraiment : il suffirait de dix ou douze jouets de taille moyenne pour remplir le panier. En parlant d'anticapitalisme ! Cependant, il est demeuré inflexible, déclarant que tout jouet dépassant de ce panier serait immédiatement éliminé.

Il a non seulement continué à limiter la prolifération des jouets, mais il a aussi appliqué sa philosophie à notre fils Joe lorsque celui-ci est né. J'ai réussi à en rajouter discrètement quelques-uns en les transformant en articles de décoration ou en les rangeant dans la penderie à côté des vêtements, mais dans l'ensemble, la règle a été suivie.

Depuis, mon mari a admis que la limite qu'il avait fixée était totalement arbitraire, mais j'ai concédé à mon tour que toute restriction l'aurait été de toute façon. Alors pourquoi ne pas fixer la limite là où nous le voulions ? Ou bien allions-nous laisser à nos enfants le soin de décider en la matière ?

Qu'un seul panier de jouets leur suffise ou non, je peux vous dire que ça nous convient très bien à nous, les parents. Grâce à cela, nous économiserons sans doute des milliers de dollars. Dont plusieurs centaines simplement en piles électriques.

Mais ce n'est pas uniquement une question d'argent. Il s'agit surtout de ma tendance avouée à la flemmardise dès qu'il est question de tâches monotones. J'ai eu mon premier bébé à tentre-huit ans, alors en plus d'être une paresseuse née, je n'avais plus l'énergie d'une gamine de vingt-cinq ans. Mais je ne peux pas dire que je regrette de ne pas être obligée d'acheter, d'assembler, de ramasser, de trier et de réparer des jouets.

Il n'est pas seulement question d'éviter que les chambres de mes enfants soient en désordre. Je pense aussi au chaos mental que je veux leur épargner.

Je suis à peu près certaine que si je leur donnais sans cesse le dernier jouet sur le marché, ils développeraient rapidement une dépendance envers les jouets neufs, ne s'intéressant qu'à ceux qui sont nouveaux.

Et j'imagine les conséquences s'ils ne changeaient pas en grandissant ; pas besoin d'imaginer, d'ailleurs, c'est quelque chose que je constate souvent.

Je connais plus d'une fille ayant la ruineuse habitude de s'acheter régulièrement de nouveaux vêtements, et j'ai un cousin éloigné qui estime qu'une voiture ne vaut plus rien au bout d'un an. Je connais aussi un malheureux qui a souvent besoin de changer d'épouse. Ce n'est qu'une supposition, mais tout a peut-être commencé quand ces gens-là étaient petits et qu'ils recevaient sans cesse de nouveaux jouets.

Il pourrait être facile d'en arriver au point où l'on n'accorde absolument plus aucune valeur à ce que l'on possède. Et d'ailleurs, on le remarquerait à peine parce qu'on serait obsédés par ce que l'on n'a pas et ce que l'on veut vraiment – et qui se trouve encore dans la boutique.

Certains enfants qui possèdent plein de jouets ne semblent s'intéresser à aucun d'eux en particulier. Il n'est pas très compliqué d'en comprendre la raison, d'ailleurs. Je ne dis pas que ce sont de méchants enfants ni qu'ils sont ingrats, mais il semblerait qu'il y ait toujours un rapport inverse entre la quantité et la valeur. Plus un enfant a de jouets, moins il les trouve intéressants. Peu importe s'il manque des pièces ou si certains d'entre eux sont cassés. Il y en a bien assez d'autres qui traînent dans la pièce ou au fond de la boîte de rangement, et cela au cas où, pour une raison ou une autre, on ne pourrait pas aller acheter un jouet neuf.

L'autre raison pour laquelle les enfants n'accordent pas beaucoup de valeur à ce qu'ils possèdent, c'est qu'ils n'ont pas besoin d'allonger l'argent.

Bon, vous vous dites sûrement que je vais vous raconter une histoire invraisemblable sur l'époque où, quand nous en avions assez de jouer avec des mottes de terre ramassées dans le corral, nous devions acheter nos propres jouets.

Eh bien non, ce n'était pas le cas – enfin, pas tout le temps. Mais ça nous arrivait parfois.

Par exemple, j'avais environ sept ans au moment où la vague du Hula Hoop a atteint notre coin reculé du Wyoming. La quincaillerie était le seul endroit de la ville où ces jouets étaient vendus. Au début, il y avait un bon stock de cerceaux, mais ils partaient vite. Une semaine après leur mise en vente, toutes mes amies en possédaient un.

Je savais très bien que ma mère n'avait pas l'intention de courir en ville pour m'en acheter un. Si nous recevions des jouets, ce n'était qu'aux occasions spéciales, à Noël ou pour notre anniversaire, par exemple.

Et pour ma mère, qui avait des principes très stricts, la mode du Hula Hoop n'était pas une occasion spéciale et j'allais donc être obligée de me l'offrir.

Lorsque je lui ai demandé combien coûtait un cerceau, elle m'a répondu qu'ils se vendaient un dollar et demi. Elle m'a aussi proposé une liste de tâches que je pouvais accomplir si je voulais gagner cet argent. Sortir toutes les poubelles : cinq cents. Nettoyer la salle de bains : dix cents. Etc. Ma mère ne se laissait pas influencer par des idées radicales comme le salaire minimum.

J'ai réuni cette somme en l'espace de quelques jours, bien décidée à me joindre à la folie du Hula Hoop. J'ai demandé à ma mère si je pouvais l'accompagner la prochaine fois qu'elle se rendrait en ville. Elle savait pourquoi je faisais cette requête et accepta immédiatement, tout en ajoutant que je n'avais que cinquante cents à dépenser.

Je ne comprenais pas. Je croyais qu'il me fallait un dollar et demi. Cinquante cents, ça ne suffisait pas ?

« Non, m'expliqua-t-elle, cinquante cents, c'est un demi-dollar, pas un dollar et demi. »

Zut. Je m'étais trompée dans mes comptes. Il me manquait plus de la moitié de la somme, et lorsque j'aurais réuni tout l'argent, la quincaillerie n'aurait sans doute plus eu de Hula Hoop à vendre.

« Bon, me dit ma mère, allons voir s'il leur en reste. »

Ce n'était vraiment pas son genre de me sortir d'affaire comme ça, et je ne l'oublierai jamais. En arrivant dans le magasin, je courus le long des bottes, des scies à métaux et des caisses de clous pour enfin arriver au rayon des jouets. Il restait un seul cerceau, et je voyais bien pourquoi. Il était d'un ton doré terne et semblait défectueux, car il n'avait pas les billes à l'intérieur qui produisaient le fameux bruissement lorsqu'on le faisait tourner autour de la taille. Mais je ne m'arrêtai pas à ce qui n'était, pour moi, qu'un détail technique et je payai mes cinquante cents tandis que ma mère complétait la différence.

Elle savait que je m'étais trompée sur la somme en toute honnêteté et n'a jamais voulu que je lui rembourse le dollar que je lui devais. Le Hula

Hoop défectueux est devenu l'une de mes possessions les plus chères et je l'ai gardé bien après que mes amies se soient lassées du leur et que la mode soit passée.

Je me souviens du jour où j'ai fini par l'abandonner.

« Ça, m'a dit ma mère, ça va dans les choses à donner. »

« Mais il est encore bien », ai-je insisté – ce qui signifiait que je pouvais encore m'en servir.

Ma mère a froncé les sourcils : « Tu n'auras pas de place pour le ranger dans le dortoir. »

J'ai compris qu'elle avait raison : je partais pour l'université et je devais m'en séparer. Mais pour moi, ce cerceau est encore le symbole du jouet merveilleux. J'en avais eu pour mon argent. Il n'avait pas besoin de piles. Il ne contenait pas une foule de morceaux. Et il était bien plus durable qu'une motte de terre.

Qu'ils aient été payés par mes parents ou par moi, je n'ai jamais eu autant de jouets que semblaient en recevoir mes amis de la ville. Nous pouvions demander ce que nous voulions pour Noël ou notre anniversaire, mais il fallait choisir soigneusement parce qu'une telle occasion n'allait pas se reproduire de sitôt.

Alors me fallait-il vraiment une Barbie articulée ? Si c'était ce que j'écrivais au père Noël, j'en recevrais sans doute une. Mais il fallait bien réfléchir. Attendez, j'avais déjà une Barbie. Est-ce que le fait qu'elle soit articulée ferait une telle différence ? Suffisamment pour que mon choix soit justifié ? Ou bien ne serait-ce qu'un second exemplaire d'un jouet que j'avais déjà et dont, franchement, je commençais à me lasser un peu ?

Je serais peut-être plus maligne de commander une guitare.

De plus, j'avais un plan pour transformer ma Barbie rigide en poupée articulée : il me suffisait de demander à mon père de la mettre sur son établi et de la scier en deux au centre de sa taille bizarrement étroite, puis de percer un trou d'un demi-centimètre de diamètre dans chaque partie de son corps. Il ne me resterait plus qu'à y introduire une vis graissée de laquelle mon père aurait soigneusement scié la tête.

À l'époque, le corps des Barbie était plein et je suis encore convaincue que ça aurait pu marcher.

Je ne sais pas, je m'étais peut-être mise cette idée en tête parce je commençais vraiment à me lasser de ma Barbie, mais au moins, on m'avait appris à me débrouiller.

Ce long processus de réflexion me permettait aussi de voir mon plaisir retardé, ce qui est bien plus agréable que la satisfaction immédiate.

Celle-ci dure bien sûr aussi peu longtemps pour les enfants que pour leurs parents. Il est assez déprimant d'acheter un jouet à votre gamin parce qu'il l'a aperçu dans le rayon du magasin et vous a supplié de le lui acheter jusqu'à ce que vous cédiez par pitié, et qu'il le délaisse au bout d'une journée ou même d'une heure à peine.

Dans ce cas-là, je proteste : « Hé, que s'est-il passé ? Tu m'as dis que tu adorais ce jouet ! Tu t'es foutu de moi ? »

Je me laisse facilement berner, alors c'est possiblement ce que font mes enfants. Mais même s'ils perdent réellement intérêt pour leur cadeau, je trouve ça vraiment injuste. Alors, pour éviter ce genre de frustration, j'essaie de faire en sorte qu'afin d'être certains de choisir le meilleur jouet possible, ils prennent le temps d'y réfléchir soigneusement et de comparer leur choix éventuel avec toutes les autres options, comme il m'a fallu le faire avec la Barbie et la guitare.

En ce qui concerne mes parents, leur attitude très stricte avec les cadeaux n'avait pas grand-chose à voir avec les jouets eux-mêmes. C'est plutôt qu'ils utilisaient tout l'argent qu'ils pouvaient économiser pour acheter du bétail ou des terres. Il n'est pas toujours facile d'avoir ce genre de discipline si vous avez assez d'argent pour acheter la plupart des jouets que veulent vos enfants. Et il est difficile de contrôler ce qu'achètent les autres gens.

Certaines personnes aiment couvrir leurs petits-enfants de cadeau avec un manque de modération dont ils n'auraient jamais fait preuve avec leurs propres enfants. Ces gens font-ils ça pour nous conduire à l'asile ou parce qu'ils veulent vraiment que nos enfants soient heureux à tout instant ? Qui sait ? Mais c'est aussi pour cette raison que mon mari et moi n'achetons pas de jouets à nos enfants dès qu'ils nous les réclament.

Il arrivera toujours un moment où Belle et Joe mourront d'envie d'avoir un certain jouet. Qu'ils l'inscrivent sur la liste destinée à leurs grands-parents ou qu'ils sortent les poubelles pour gagner de l'argent, voilà ce que je dis.

Et encore, ce n'est pas seulement la quantité de jouets qui me dérange. Ce sont leurs caractéristiques.

Les jouets d'aujourd'hui, et particulièrement ceux à visée éducative, sont technologiquement supérieurs à ceux de mon enfance. Ce qui signifie, entre autres, qu'ils ne fonctionnent pas sans piles, et il semblerait aussi qu'ils en fassent plus.

Mais avez-vous remarqué que lorsqu'un jouet en fait plus, les enfants en font généralement moins ?

Super, ce violon fait de la musique tout seul ! Génial, ce livre lit les mots à ma place ! Ça alors, ce papier m'empêche par magie de colorier à l'extérieur des lignes ! Je me demande vraiment si c'est une bonne chose. C'est éventuellement épouvantable, et cela transforme peut-être nos enfants en crétins, en abrutis et en empotés. Pas en génies.

Je ne peux m'empêcher de repenser à Belle qui, à l'âge d'un an, a transformé un rouleau d'essuie-tout vide en télescope, en instrument de musique et en mégaphone. Est-ce parce que c'était une enfant prodige ou simplement parce qu'elle n'avait pas de jouets ?

Évidemment, j'aime bien penser qu'il s'agit d'un peu des deux. Mais, quoi qu'il en soit, ce genre d'invention est forcément plus stimulant que les jeux éducatifs que je connais.

En regardant les jouets les plus évolués, je ne pense pas que mon enfant apprenne autre chose que la façon de les faire fonctionner. Qu'est-ce qu'on apprend en jouant au Game Boy, à part comment y jouer ?

De toute façon, je n'ai pas envie que mes enfants passent leurs courtes années de formation à assimiler ce genre de trucs. Je préfère qu'ils développent leur pensée créatrice. Ça leur permettra de s'amuser tout en résolvant leurs problèmes. Ils quitteront ainsi peut-être l'enfance armés des outils nécessaires à leur vie d'adulte indépendant, responsables de leur succès et de leur bonheur.

Évidemment, l'époque où je pouvais distraire Belle et Joe avec un rouleau d'essuie-tout est passée. Mais il me suffit de mettre une grande boîte en carton dans le jardin pour qu'ils s'imaginent que c'est une maison ou une voiture. Ou un ennemi mortel. Et ils continuent à s'amuser avec des pierres, des bâtons et le boyau d'arrosage. C'est ce qu'ils font lorsqu'ils jouent dehors, alors je suppose que ça leur plaît. En tout cas, quand j'étais petite, je faisais la même chose.

« Va jouer dehors », me disait ma mère ; et c'est ce que je faisais toute la journée. Si ce n'est tout l'été.

Nous avons quand même un jeu à l'extérieur. C'est une vieille balançoire, une simple planche de bois suspendue par deux chaînes rouillées. Elle doit être dans la cour depuis plus de cinquante ans. Quand nous avons acheté la maison, nous nous sommes dit que nous allions la remplacer par deux balançoires répondant à de meilleures normes de sécurité, mais nous sommes des fainéants, et petit à petit, nous nous sommes attachés à la vieille balançoire.

Nos deux enfants ont appris à se balancer dessus sans être attachés. Ils ont pris l'habitude de bien se tenir et de rester en équilibre et, surtout, de baisser la tête si jamais ils tombaient.

Ils ont aussi dû apprendre à partager. Nous n'avons qu'une seule balançoire, aussi doivent-ils s'en servir à tour de rôle ; et comme ils n'arrivent pas encore à s'élancer tout seuls, ils se poussent aussi chacun leur tour. Et d'après ce que je peux voir, celui qui pousse s'amuse presque autant que celui qui se balance.

C'est pourquoi je rigole en repensant à mon idée d'installer une deuxième balançoire, m'imaginant que ce serait plus équitable. Mes enfants, à force de disputes et de négociations se sont arrangés pour que ça le devienne, et ce, d'une façon merveilleuse.

C'est très différent lorsque les parents disent: « Nous allons acheter un jouet pour notre petit garçon parce que notre aîné en a eu un et qu'il faut être équitables. »

J'ai remarqué des milliers de fois que la vie n'était pas juste. Pas de cette façon-là. Et je ne veux pas que mes enfants grandissent en pensant que c'est le cas.

D'ailleurs, je ne tiens pas particulièrement à ce que ça le soit.

La vie est suffisamment juste pour Belle et Joe. Parfois, ils sont gâtés, mais le plus souvent, ils ne le sont pas. Ils ont appris à accepter le fait que nous n'avons qu'une seule balançoire. Et qu'effectivement, les autres enfants reçoivent sans cesse de nouveaux jouets et pas eux. Tant pis, la vie ne s'arrête pas pour autant. Ma fille arrive même à dire: « Super, Joe, tu as reçu une nouvelle bicyclette. » Elle a appris que parfois, c'est le contraire qui se produit, et que c'est elle qui reçoit le cadeau dont elle rêve.

Et je garde toujours un rouleau vide d'essuie-tout en réserve. Au cas où.

CHAPITRE 3

Trempez-moi tout ça dans le bronze

Un jour, j'ai été invitée à une soirée album. Je n'avais pas la moindre idée de ce dont il s'agissait. Quand j'ai téléphoné pour confirmer, l'hôtesse m'a demandé par quel miracle j'avais échappé à la vague d'engouement pour les albums qui déferlait sur la nation. Je lui ai avoué que je n'en possédais pas un seul, et elle m'a gentiment expliqué que le but de la soirée était justement d'en faire un.

— Ah, d'accord. Et en quel honneur ?

— Mais pour ton enfant, espèce d'idiote.

Je ne pense pas qu'elle m'ait vraiment traitée d'idiote, mais je savais que j'en étais une et surtout, j'étais très consciente d'être une fainéante comparée aux autres mamans. Mais elle m'a dit qu'il me suffisait d'apporter des photos de mon bébé et que tout autre matériel serait fourni.

« Quel matériel ? » ai-je failli demander. Mais je me suis dit que j'avais déjà été assez idiote pour un coup de fil, alors je l'ai remerciée pour son invitation, acceptant de tenter le coup de l'album.

Je suis arrivée un peu en retard à la soirée et les activités allaient déjà bon train lorsque j'ai fait mon apparition. Il m'a suffit d'un coup d'œil rapide sur la table où étaient réunies une dizaine de femmes pour que je comprenne: je n'aurais jamais dû me laisser embarquer. L'hôtesse m'avait parlé d'une vague d'engouement, mais sans me dire qu'elles avaient perdu la boule. Pour cette soirée, j'avais seulement l'intention de trier mes photos et de les mettre dans un album. Mais ce n'est pas du tout ce qui se passait autour de la table.

Une des invitées décorait une page avec un titre calligraphié, des autocollants et des bordures prédécoupées, et elle dessinait des phylactères au-dessus d'une photo de son bébé en train de manger le contenu d'un petit pot.

À celles qui admiraient ses découpages, elle expliquait que c'était un souvenir de la première fois où son bébé avait mangé un aliment solide. Des petits pois, en l'occurrence.

Non, mais bordel! Pas étonnant qu'elle soit prête à faire n'importe quoi pour commémorer cette étape extraordinaire de la vie de son enfant.

Vous allez peut-être me dire que je suis sarcastique, mais je vous assure que je me sentais nulle. J'étais loin de faire le poids par rapport à toutes ces femmes. Je me disais que ce serait déjà pas mal de commencer à trier les photos de ma fille, que c'était quelque chose que j'avais l'intention de faire depuis plusieurs mois et que ce serait plutôt bien d'être encouragée par d'autres mamans pour me mettre enfin à la tâche.

Mais je savais que j'étais bien trop flemmarde pour réussir à faire un tel chef-d'œuvre.

Je me suis demandé un instant si je ne pourrais pas engager une des mamans non fainéantes pour le faire à ma place, pour conclure ensuite que je n'avais de toute façon pas vraiment envie du produit final.

Mais j'étais curieuse de savoir ce qui se passerait si l'angelot aux petits pois voyait un jour cet album. Ne vous inquiétez pas, j'ai gardé ma curiosité pour moi. Mais pouvez-vous imaginer ce que ce petit garçon penserait s'il découvrait l'importance de chacun de ses faits et gestes dans la vie de ses parents ? Ne pensez-vous pas que son ego risquerait de s'emporter un peu ? Moi, ça m'inquiéterait un peu, si j'étais sa mère.

Mais à part moi, ça ne semblait préoccuper personne, et tout le monde s'amusait à transformer chacune de ses photos en un petit autel d'une page dédié à l'occasion représentée.

Depuis ma soirée malheureuse dans l'univers des albums, j'ai découvert qu'il s'agit effectivement d'une vague de folie – une folie qui a entièrement submergé la nation. Il existe des magasins entiers qui y sont entièrement consacrés, ainsi que des séminaires et des sites Internet où les adeptes de cette mode peuvent se retrouver pour partager leurs dernières techniques, et acheter le papier à motifs et les bâtons de colle spéciale les plus tendance.

D'ailleurs, un congrès de création d'albums a récemment eu lieu dans notre État, et j'ai lu dans le journal qu'après avoir suivi un certain nombre de cours à un certain niveau, on pouvait recevoir un diplôme. En création d'albums.

Il s'agit peut-être d'une merveilleuse façon de se retrouver entre amis. C'est peut-être très amusant. C'est peut-être moi qui ne comprends pas. Et je me trompe peut-être quand je dis que le contenu de ces albums est parfois trivial et extrêmement prévisible.

Ou bien je trouve simplement que ça prend trop de temps. Oui, je pense que c'est plutôt ça.

D'une certaine façon, en admettant cela, j'ai l'impression d'être encore plus paresseuse qu'avant. À vrai dire, je me sens partagée, un peu comme si deux personnes différentes coexistaient en moi. Au travail, j'ai la réputation d'être ambitieuse et énergique, et du coup, je me demande pourquoi j'ai parfois cette tendance à la flemmardise dans ma vie de maman. Je suis certaine que si je me mettais à la création d'albums avec ma première personnalité, je ferais un boulot du tonnerre.

Mais il est trop tard. Je n'ai même pas de photo de Belle en train de faire ses premiers pas et encore moins en train de manger ses premiers petits pois, et c'est comme ça. Par contre, j'ai une photo d'elle la première fois qu'elle est montée à cheval, mais elle a été prise par quelqu'un d'autre.

Je suppose qu'avec la technologie numérique, je pourrais scanner une photo de sa tête et la superposer à celles d'autres enfants pris en photo à des moments cruciaux de leur développement... mais bon, ce n'est pas vraiment l'idée, n'est-ce pas ? Et le tout ne serait pas moins pénible que la création d'un véritable album.

Je ne devrais pas critiquer les albums simplement parce que j'ai échoué. Il y a plein d'autres façons de célébrer les moments importants de la vie de nos enfants qui prennent autant de temps et d'argent. Je connais une maman qui emmène sa progéniture plusieurs fois par an au photomaton du centre commercial pour la faire prendre en photo avec le père Noël, le lapin de Pâques ou une tête de citrouille, suivant la saison. Moi, je ne ferais jamais la queue devant le père Noël, et encore moins devant une citrouille.

De toute façon, je ne vois pas pourquoi j'aurais envie de faire prendre mes enfants en photo pour des fêtes organisées avec autant d'enthousiasme par la direction du centre commercial. Est-ce mieux que de prendre une photo parce qu'ils ont eu du steak haché au dîner ? Non, c'est pire, car il faut se rendre au centre commercial.

Et lorsque je la regarderais, plus tard, que me dirait cette photo ? Que nous y étions. Eh oui, une fois de plus, au centre commercial. Oui, nous avons fait la queue, et ça a été notre tour, encore une fois.

Ça fait partie de la longue liste de choses que les mamans fainéantes n'ont sans doute jamais faites. Oh, ce n'est que le début. « J'allais faire tremper les petites chaussures de mon bébé dans du bronze, mais malheureusement, je les ai perdues. » Ou bien : « J'ai oublié de noter ses premiers mots, et maintenant, je ne suis pas fichue de m'en souvenir. » (Les mamans fainéantes n'ont pas toujours une langue très châtiée.) Et qu'est-ce que vous dites de ça ? « J'ai fait tout ce qu'il fallait pour mon premier, seulement la moitié pour le second, et pour mon troisième, je ne fais rien du tout. »

Ça suffit à vous donner l'impression que vous êtes un parent si lamentable que vous devez probablement ne pas aimer votre enfant.

Et pourtant, tous ceux qui ont élevé des enfants en gardent des souvenirs importants et merveilleux. Ceux que ma mère a conservés pour se remémorer mon enfance et celles de mes frères sont particulièrement significatifs.

Je me souviens du jour où je les ai trouvés.

Je n'aurais jamais cru que ma mère était quelqu'un de sentimental. Elle ne pouvait pas se le permettre, elle travaillait sur un ranch. Tous les printemps, avec talent et dévouement, elle aidait près de mille vaches à mettre bas. Mais malgré ses soins, certains nouveau-nés mouraient pendant le labeur, parfois dans ses bras. Et son sens pratique l'emportait toujours sur les quelques moments de tristesse qu'elle pouvait avoir.

Lorsque nous perdions un veau, elle traînait sa carcasse jusqu'au « tas d'os » et l'y laissait là, reportant son attention vers les animaux qui étaient encore en vie.

Ma mère a perdu la vie lors d'un accident alors qu'elle montait à cheval le matin de son soixante et unième anniversaire. Je n'ai pas eu le temps de me préparer à recevoir ce coup. Lorsque j'ai appris la nouvelle, elle était déjà morte depuis deux heures. Ce matin-là, j'étais sur le point de décrocher le téléphone pour l'appeler et lui souhaiter un joyeux anniversaire, mais au lieu de cela, c'est mon frère qui m'a téléphoné pour m'annoncer sa mort.

Nous avons mis longtemps à accepter l'idée que cet événement impensable avait réellement eu lieu. Qu'elle était partie – en tombant de cheval, qui plus est. Bien sûr, on ne remet pas l'exactitude de l'information en doute lorsque la nouvelle est annoncée, mais ce n'est qu'avec le temps qu'on en comprend toute l'ampleur. Il est difficile d'admettre qu'elle ne reviendra jamais, qu'il est impossible de lui dire adieu et à quel point nous l'aimons. Et que nous n'aurons plus jamais l'occasion de nous expliquer, de poser des questions ou de demander pardon.

Ce n'est que petit à petit que l'on prend conscience de tout ça. C'est en partie pour cette raison que mes frères et moi avons mis plus d'un an avant de trier ses affaires et de les distribuer.

J'avais reçu la tâche de vider les tiroirs de sa salle de bains car j'étais sa fille et il s'agissait de ses affaires intimes.

Le contenu de ses tiroirs était encore tel qu'elle l'avait laissé un an auparavant, le dernier jour où elle s'était habillée, s'était brossé les dents et avait mis son chapeau pour se diriger ensuite vers la grange afin de seller son cheval.

Au-dessus des tiroirs, j'ai trouvé les objets habituels : brosse à cheveux, dentifrice et crème hydratante. Mais il y avait aussi de petits souvenirs rappelant un moment de la vie de chacun de ses enfants.

J'ai été étonnée par la nature de ses choix, d'autant plus que je n'aurais jamais cru qu'elle puisse garder ce genre de choses. Et quand bien même, j'aurais plutôt imaginé les trouver dans un album ou une boîte remisée dans les placards de rangement au-dessus de la machine à laver et du sèche-linge, pas dans un tiroir de sa salle de bains.

Il y avait le reçu d'un joaillier de New York ; aucun article n'y apparaissait, mais je reconnus l'écriture brouillonne de mon frère aîné – qui devait avoir cinq ans à l'époque – à peine lisible : « Mary, je t'aime. » (Nous appelions nos parents par leur prénom, comme c'est l'usage dans les ranchs.)

Il y avait aussi une recette que mon plus jeune frère avait proposée pour le livre de cuisine de la maternelle, avec ses instructions sur la façon dont sa mère préparait les crevettes, son plat préféré. L'une des étapes indiquait : « Faire cuire jusqu'à ce qu'il fasse nuit. »

Et puis il y avait un « livre » de poèmes que j'avais écris quand j'avais environ huit ans. Je me souviens l'avoir calligraphié, illustré puis d'avoir agrafé les pages ensemble. En les relisant ce jour-là dans la salle de bains de ma mère, je ne remarquais que les rimes laborieuses : des contes de fées à l'heure du thé. Pas terrible. Mais ma mère avait conservé ce petit livre grossier ainsi que des petits souvenirs d'enfance de mes frères à un endroit où elle pouvait les voir tous les jours.

Je me suis agenouillée en pleurant, pensant à la façon dont elle avait gardé ces maigres vestiges de ses enfants dans le tiroir de sa salle de bains ; j'imaginais ses mains calleuses à la recherche d'une pince à ongles les effleurant au passage.

Je me suis alors rendu compte que cette fermière si pragmatique était aussi sentimentale que n'importe quelle maman. Je savais que ces objets n'auraient pas eu plus de valeur à ses yeux s'ils avaient été conservés et organisés méthodiquement. Et en triant ses affaires, je n'ai trouvé aucun souvenir typique ni aucune histoire illustrée de nos faits et gestes, pas même dans les placards au-dessus de sa machine à laver et de son sèche-linge.

À cet égard, je suis un peu plus organisée que ma mère. Déjà, je n'ai pas à m'occuper d'un troupeau de vaches, et donc, je suis moins occupée qu'elle ne l'était. De plus, si l'on considère qu'une simple publicité mettant en scène des chiens suffit à me mettre la larme à l'œil alors que la mort d'un veau ne réussissait pas à l'émouvoir plus que ça, je dois être un peu plus sensible qu'elle.

Mais personne n'a le temps de commémorer tous les moments significatifs de la vie de son enfant, surtout quand on pense à tout ce qui est réellement significatif. De là la difficulté, je suppose.

Quels sont les moments marquants dans la vie d'un enfant ? Ils le sont tous, d'une certaine manière. Mais de la même façon, on peut dire qu'ils ne le sont pas non plus particulièrement, si on les met tous ensemble.

Disons que Joe gagne le prix Pulitzer. Je n'ai pas envie de retrouver une photo de cet événement collée dans un album aux côtés d'une autre montrant ses débuts au hockey. Je sais bien que c'est peut-être encore une façon de me dégager de mes responsabilités, comme je sais si bien le faire.

Et bien sûr, s'il gagne vraiment le prix Pulitzer, je suis certaine que je vais oublier mon appareil photo. Et après ma mort, il ne restera que des trucs absurdes que Joe et Belle auront tout le loisir de trier.

Enfin, au moins, ils n'auront pas l'impression d'avoir accompli une prouesse en mangeant des petits pois.

Je pense que c'est pour cette raison que m'horripile cette habitude de tout conserver. Ce n'est pas uniquement le côté fastidieux. Mais je me méfie de l'idée de valoriser à ce point l'existence même de mes enfants, car accomplir quelque chose d'extraordinaire et être simplement présent, ce n'est pas la même chose.

J'ai lu des articles écrits par des psys pour enfants dans lesquels ils déclaraient que le manque d'estime de soi était souvent la cause d'un comportement agressif, voire criminel. Je ne sais pas si c'est vrai. Mais même si ça l'est, je ne pense pas que Belle et Joe auront une meilleure perception d'eux-mêmes si on leur répète constamment que leur simple existence est un miracle.

Je ne pense pas qu'on m'ait jamais dit que j'étais particulièrement exceptionnelle. Ça n'étonnera pas ceux qui m'ont connue quand j'étais petite. Mais je me souviens du jour où l'on m'a annoncé : « Nous avons embauché un nouvel ouvrier pour faire les foins, est-ce que tu peux lui montrer comment ratisser ? »

Et c'est vrai, j'étais la meilleure du ranch à cette tâche, cet été-là. L'employé était un garçon de vingt-cinq ans qui venait de la Nouvelle-Angleterre, et moi, je n'avais que quatorze ans. Je crois que ce jour-là, aucun ouvrier au monde ne s'est senti aussi fier que moi.

Je ne faisais que suivre les traces de ma mère. Pendant la Seconde Guerre mondiale, tous les ouvriers qui travaillaient dans le ranch de mes grands-parents avaient été appelés à faire leur service militaire. Aussi ma mère, à l'âge de neuf ans, a-t-elle été mise au ratissage. Au début des classes, comme tout le foin n'était pas rentré, la famille s'est concertée pour savoir si les enfants devaient recommencer l'école à temps ou non.

Il a finalement été décidé qu'elle irait en classe car sa mère pouvait la remplacer jusqu'à son retour de l'école. Mais en fin de journée, à peine l'autocar scolaire arrivait-il au ranch que ma mère se précipitait en courant vers le tracteur. Elle était impatiente de reprendre le volant des mains de sa mère, même si elle arrivait à peine à voir par-dessus tellement elle était petite.

Elle savait qu'on avait besoin d'elle.

Je regrette de devoir dire que je n'ai pas de tracteur pour Belle et Joe ni aucun travail de ratissage à leur faire faire. Mais j'espère qu'ils auront autant confiance en eux que ma mère et moi. J'espère qu'ils posséderont le genre d'estime de soi qui se construit en accomplissant un travail difficile, en développant une habileté nouvelle ou en terminant une tâche qui a exigé beaucoup de temps et d'efforts. Les louanges des autres, ou même celles de leurs parents qu'ils cherchent pourtant à satisfaire, ne remplacent pas ces moments de réalisation personnelle.

De toute façon, ce n'est pas en recherchant nos applaudissements qu'ils iront très loin. Nos enfants sont encore trop jeunes pour faire des sports d'équipe, mais le jour où Belle commencera à jouer au foot ou fera partie d'une équipe de natation, mon mari et moi ne serons pas dans les gradins à l'encourager. Elle devra trouver une meilleure raison pour se surpasser.

Durant mon enfance, mes parents m'ont rarement encouragée depuis les gradins. Tout d'abord, ils n'y étaient pas souvent car ils n'assistaient généralement pas aux compétitions sportives, à moins d'aider comme bénévoles, en donnant le départ à une course de ski, par exemple.

Nous faisions du sport parce que nous en avions envie, pas parce que nos parents nous y poussaient. Et il était inutile de jouer pour les impressionner : même si à la fin d'un match ou d'une course, nous étions les gagnants de la compétition, ils en faisaient très peu de cas.

« Quelle compétition as-tu gagné ? » me demanderait Brad, mon frère aîné. Bon, bon, d'accord, je n'ai jamais rien gagné.

Cependant, je me souviens que ma mère avait été très fière de la performance de mon plus jeune frère, Matt, lors d'un match de football américain au lycée. Personne ne saurait dire s'il avait compté un but ou si son équipe avait gagné, mais le plus important, c'est qu'à un moment du jeu, c'est son ami Kevin, de l'équipe adverse, qui avait le ballon. Kevin était grand et baraqué, plus âgé que ses camarades de classe. Et à l'époque, mon frère était surnommé « la mauviette ».

Matt, qui pourtant devait faire à peine la moitié du poids de Kevin, avait essayé de le plaquer en sautant sur son dos. Cette manoeuvre n'avait pas fait flancher Kevin, mais l'avait quand même suffisamment ralenti pour que les autres joueurs arrivent à la rescousse.

« Matt a essayé de plaquer Kevin Larson », ma mère a-t-elle annoncé à mon père en arrivant à la maison. Ce n'était pas son genre de fanfaronner, mais ce jour-là, Matt l'avait vraiment impressionnée.

Cela dit, elle ne s'attardait généralement pas non plus sur nos échecs. Un jour, lorsque j'étais à l'école primaire, j'ai très mal joué à une audition de piano pour laquelle – pour une raison ou une autre – je ne m'étais pas préparée. Ma mère a assisté au récital, mais ne m'a pas dit un mot sur ma performance lamentable lors du retour à la maison en voiture. Elle devait probablement discuter de ce que nous allions cuisiner pour dîner.

Elle n'avait pas besoin d'insister sur mon échec car elle savait que j'avais honte de moi. Et elle savait que c'était à moi de décider si j'allais mieux me préparer ou non la prochaine fois, sans que j'aie besoin de conseils ni de commentaires supplémentaires.

Sa méthode nous a incités, mes frères et moi, à prendre notre vie en main, qu'il s'agisse de réussites ou d'échecs. Si nous réussissions, c'était parce que nous avions choisi de le faire et que nous y avions passé le temps qu'il fallait pour y arriver. Et le résultat en valait la peine. Nous n'avions pas non plus besoin que nos parents s'extasient; nous étions suffisamment heureux comme ça. Et peu importe qu'ils aient immortalisé nos réussites ou non, nous n'oublierons jamais les quelques fois où nous nous sommes retrouvés sur le podium.

Tout comme je me souviendrai toujours du son humiliant des quelques applaudissements polis à la fin de mon audition de piano.

J'espère que pour mes enfants aussi le succès sera une récompense en soi, et qu'ils feront de leur mieux parce qu'ils veulent gagner pour eux et pour leur équipe sans réfléchir à ma réaction, et surtout, sans que ce soit leur motivation pour se surpasser. Je ne pense pas qu'ils s'inquièteront que je sois dans les gradins en train de prendre chacun de leurs faits et gestes en photo pour ensuite les coller dans l'album commémoratif de leur vie.

Même sans cela, ils auront des souvenirs extraordinaires, et moi aussi.

Mais je pense que les vestiges qui m'en resteront ne ressembleront à rien de ce que nous pouvons imaginer. À une certaine époque, ma maigre collection de trophées de ski était très importante pour moi, mais mes parents ne l'ont jamais exposée. Je sais qu'ils s'intéressaient à mes performances, mais je suppose qu'ils ne trouvaient pas les médailles très représentatives de mes talents.

Ma mère était plus attachée au premier mot d'amour de Brad et, curieusement, aux idées particulières de Matt sur la façon de faire cuire les crevettes.

Et elle sera toujours la seule à savoir pourquoi elle a bien pu garder mon premier (et dernier) livre de poésie pendant trente ans.

CHAPITRE 4

Le monde n'est pas à l'épreuve des enfants

On dirait que je suis vouée à laisser mes enfants faire des trucs que tout le monde considère dangereux. Quand Belle était toute petite, par exemple, je la regardais tirer une chaise et grimper dessus pour monter sur le comptoir.

Je me rendais bien compte qu'elle pouvait tomber et se faire mal. Mais en même temps, elle avait une idée en tête – je pense qu'elle voulait aller chercher un biscuit.

En tant que mère, son sens de l'initiative m'impressionnait. En tant que mère fainéante, j'étais simplement contente qu'elle puisse faire certains trucs toute seule pendant que je continuais à lire le journal.

« Tu m'en donnes un aussi ? » Voilà sans doute la seule chose que j'avais à dire.

Je me rends compte qu'il est très mal venu de ma part d'aborder le sujet de la sécurité des enfants. Je suis certaine que la plupart des gens diraient que ce sujet est une bonne chose dans l'absolu et qu'il est tout simplement absurde d'oser suggérer d'y porter un peu moins d'attention. Que « trop de sécurité » est une notion qui n'existe pas. Aucune maman ne se réjouit de voir son enfant avec le genou écorché, n'est-ce pas ? Donc, en tant que mère, ne dois-je pas faire tout en mon possible pour que cela ne se produise pas ?

Hélas, non. Je ne dis pas que je ferais un croche-pied à Belle ou à Joe s'ils courent sur le trottoir, mais je n'essaierai pas de les en empêcher même s'ils risquent de se casser la figure tous seuls.

Déjà, avec un enfant, ce serait un boulot à plein temps, alors avec deux... Donc, pour de simples raisons pratiques, c'est hors de question. Et de toute façon, je ne veux pas agir de cette façon, car j'estime qu'il est important qu'ils apprennent qu'un genou écorché, ça fait mal. Et qu'il vaut mieux faire attention quand on court sur un trottoir inégal.

Au ranch, nous n'avions pas de trottoirs, mais nous étions quand même entourés de dangers. En général, personne ne surveillait nos allées et venues l'été. Et il y avait des chevaux qui pouvaient nous envoyer valser en l'air, des taureaux qui pouvaient nous embrocher dans les barbelés, un atelier plein d'outils avec lesquels nous pouvions nous brûler, nous couper, nous faire transpercer et des fossés si profonds que votre tracteur pouvait y disparaître si vous n'étiez pas prudent sur la route.

Je ne dis pas que c'était forcément une bonne idée de nous laisser autant de liberté dans un tel environnement, surtout que nous cherchions à nous amuser. Nous avions régulièrement des ennuis, parfois assez graves. Je ne souhaite ça à aucun enfant ni à aucune maman. Mais bon, les os cassés et les points de suture nous donnaient en général une bonne leçon.

J'ai appris à relâcher l'embrayage du tracteur tout doucement, pour ne pas qu'il bondisse et se renverse vers l'arrière. Mon frère, lui, a appris qu'on ne lance jamais une poignée de gravier aux taureaux lorsqu'on est du même côté de la barrière qu'eux. Nous avons aussi tous appris à rester sur le dos d'un cheval lorsqu'il saute au-dessus d'un fossé d'irrigation et qu'il vaut mieux garder l'équilibre quand on est assis dans la fenêtre du grenier à foin.

Cela, d'ailleurs, je ne l'ai jamais oublié.

Je pense en effet que j'étais du genre à apprendre beaucoup de choses à mes dépens, mais les leçons étaient inoubliables. Ce qui me fait penser que mes enfants courront moins de dangers dans la vie s'ils apprennent très vite que le monde est un endroit dangereux.

Les êtres humains ont probablement tous des mécanismes de sécurité innés, sinon nous n'existerions pas. Mais il semblerait qu'il faille les développer, un peu comme notre système immunitaire.

Je n'ai pas l'esprit très scientifique, mais d'après ce que je comprends, si ce système n'est pas exposé aux microbes dès notre petite enfance, il ne fonctionnera pas correctement. Non seulement sommes-nous conçus pour être exposés aux microbes, mais aussi pour contracter des maladies. C'est l'une des meilleures façons pour notre système de fabriquer des anticorps afin de pouvoir ensuite combattre des affections plus graves. Je ne prétend pas être une autorité en la matière, je ne fais que citer notre pédiatre.

C'est pour cette raison que je n'ai jamais fait énormément d'efforts pour nettoyer à fond notre maison. Ce n'est pas par paresse, pas du tout. J'essaie simplement de suivre les conseils du médecin et de faire en sorte que Belle et Joe soient exposés à une bonne dose de microbes. De plus, je ne supporte pas cette obsession de propreté corporelle qui existe dans notre culture, et j'ai totalement ignoré la vogue du savon antibac-térien. Et en dépit de tous les avis contraires, j'ai laissé mes amis et les membres de ma famille prendre mes nouveau-nés dans leurs bras et les embrasser.

Mais j'ai quand même mes limites. Par exemple, lorsqu'un jour, dans un aéroport, en me retournant pour chercher Joe, j'ai découvert qu'il était en train de lécher la rampe de l'escalier mécanique, je l'ai immédiatement attrapé par le col pour essayer de lui essuyer la langue avec la manche sale de mon manteau.

Je ne sais toujours pas lesquels de ces microbes ont contribué à améliorer ses anticorps.

Tout comme nous développons notre système immunitaire en nous exposant aux microbes, c'est en apprenant lorsque nous sommes tout petits que les risques de blessure existent, que nous développons notre ingéniosité et notre prudence. Et ces qualités nous permettront d'éviter bien des ennuis plus tard dans la vie.

C'est pour cette raison que je ne tiens pas particulièrement à protéger mes enfants des expériences douloureuses. Et je ne suis pas tout à fait certaine d'apprécier les mesures prises par d'autres bonnes âmes pour assurer la sécurité de Belle et Joe.

Lorsque nous avons rénové la salle de bains des enfants, le plombier qui a installé les valves les a ajustées de façon à ce que, même au point le plus chaud, les robinets ne donnent qu'une eau à peine assez tiède pour prendre une douche ou un bain. Lorsque j'ai découvert ceci, je l'ai appelé pour lui demander de venir les réajuster afin que nous ayons vraiment de l'eau chaude. Il m'a expliqué que c'était une mesure de sécurité et qu'il existait certaines normes destinées à empêcher mes enfants de se brûler.

Je lui ai dit que ceux-ci, âgés respectivement de deux et quatre ans à l'époque, avaient déjà compris le principe de l'eau chaude et qu'ils étaient autorisés à utiliser les robinets de la cuisine et des autres salles de bains. Nous leur avions simplement montré la différence entre le robinet d'eau froide et le robinet d'eau chaude, puis nous avions fait quelques essais, et ils avaient immédiatement compris pourquoi il était important de tester la température de l'eau avant d'y plonger une quelconque partie de leur corps.

Je m'inquiéterais bien plus de ce qui risquerait de leur arriver s'ils s'imaginaient que tous les robinets du monde étaient ajustés de façon à ce qu'ils ne puissent pas se brûler. Parce que ce n'est pas le cas.

De plus, c'est une très bonne chose d'avoir de l'eau courante chaude. Parlez-en à ma grand-mère, pour qui c'est presque un miracle. Parfois, nous avons besoin que l'eau soit chaude, parfois qu'elle soit froide, et parfois entre les deux. C'est une des merveilles de la vie moderne que de pouvoir contrôler la température de l'eau.

Enfin, c'est ce que je croyais jusqu'à ce que mon plombier m'informe du contraire.

S'il essayait uniquement de m'avertir qu'il existe certains dangers dans notre maison, je veux bien le croire. Mes enfants se sont souvent coupés et égratignés sous notre propre toit. J'espère, bien entendu, qu'il ne leur arrivera jamais rien de grave, que ce soit chez nous ou ailleurs. Mais si jamais ils se blessent, je pense qu'ils guériront mieux s'ils sont en territoire familier.

L'un de mes meilleurs amis, qui a grandi dans un autre ranch du Wyoming, s'est fait sauter le bras droit accidentellement avec un bâton de dynamite lorsqu'il avait seize ans. Il est aussi devenu partiellement sourd. Mais Charlie a par la suite eu une vie formidable. Il m'a dit qu'une des raisons pour lesquelles il avait survécu à l'accident et avait réussi à en surmonter les conséquences était le fait qu'il s'était déjà blessé légèrement plusieurs fois auparavant sur le ranch.

Et surtout, personne n'avait jamais particulièrement prêté attention à ses blessures. Personne ne lui avait donné l'impression qu'il pouvait se la couler douce, être de mauvaise humeur ou se laisser aller parce qu'il était blessé. Et Charlie n'a effectivement jamais cessé de se battre.

Ma mère était triste pour nous lorsque nous nous blessions, mais tout comme la mère de Charlie, elle ne nous dorlotait pas particulièrement. Et elle n'essayait pas de nous empêcher de faire des erreurs, même quand elle les voyait venir.

« C'est ça, disait-elle, va à l'école sans ton manteau, si tu es si maline. » Elle devait se dire que je constaterais bien par moi-même s'il valait la peine de mourir de froid pour avoir l'air *cool*.

Mes frères, Brad et Matt, préféraient par contre des risques plus mémorables. Je me rappelle encore du jour où ils ont dit à mes parents qu'ils avaient décidé de construire une fusée avec du vieux bois récupéré. Ils allaient l'équiper de roues pour pouvoir l'emmener sur le toit de la remise ; là, ils allaient s'installer dedans et s'élancer sur la pente en tôle pour essayer d'atteindre la cour située à côté de l'atelier, et voir ainsi jusqu'où ils pourraient aller.

Ils avaient bien regardé le toit, qui partait en pente raide pour ensuite s'aplanir à environ cinq mètres du bord. Ils s'étaient dit que leur vol plané durerait un certain temps avant l'atterrissage.

Mes parents ont écouté cette idée folle d'un air sceptique, mais n'ont fait aucun commentaire. Brad, sur la défensive, attendait leurs objections, mais rien n'est venu.

— Alors, a-t-il dit avec indignation, est-ce que c'est d'accord ?

— Pourquoi pas ? Vous pouvez tenter le coup, a répondu mon père en haussant les épaules.

Je pense que cette réponse a mis la puce à l'oreille de mon frère. Ou, plus probablement, il devait savoir, dans son for intérieur, que c'était une idée idiote. Aussi a-t-il continué, légèrement agacé :

— Crois-tu qu'on risque de se faire mal ?

— Si, a répondu mon père.

En y repensant, je suis certaine que Brad et Matt ont dû s'imaginer le vol plané de la mort s'écrasant dans la cour de l'atelier en une bouillie de bras, de jambes, de bouts de bois et de gravier.

La machine volante ne s'est jamais matérialisée.

J'espère que vous n'aurez pas l'impression que mes parents ne s'occupaient pas ou ne se souciaient pas de nous. Je pense, au contraire, qu'ils essayaient de nous apprendre à nous débrouiller tous seuls. Chez nous, il fallait vraiment être prudents si on voulait traverser l'enfance avec le minimum de blessures et de cicatrices. Mes parents estimaient que nous avions notre propre jugeotte.

En ce qui me concerne, ce n'était pas toujours le cas, et je faisais souvent des bourdes. Comme par exemple le jour où en utilisant la machine à coudre je me suis cousu deux points zigzag de fil noir dans le pouce, jusqu'à ce que l'aiguille se retrouve coincée dans mon ongle. Comme je n'arrivais pas à éteindre le moteur, j'ai dû attendre que mon frère rentre à la maison et m'aide à extraire mon doigt de la machine. Au moment où il est arrivé, j'avais épuisé toutes mes larmes et j'ai pu acquiescer lorsque Brad m'a dit que ce que j'avais fait était vraiment fascinant. « Dommage qu'on n'ait pas d'appareil photo », ai-je même ajouté.

Je ne sais pas s'il vaut mieux cacher ma machine à coudre ou espérer que ni Belle ni Joe ne seront aussi bêtes que moi.

Je suis convaincue que certaines mesures de sécurité sont bonnes. Je n'ai rien à dire contre les sièges d'autos, par exemple. Évidemment, je continuerai à affirmer qu'il n'y a rien de tel qu'une conduite prudente, et j'aimerais qu'on accorde autant d'importance à la nécessité d'éviter les accidents qu'à celle d'y survivre.

Mais si vous descendez un cran en dessous des sièges d'autos, vous pourriez passer votre vie entière, ainsi que la totalité de votre compte en banque, à équiper la maison afin qu'il n'y ait plus aucun danger pour votre enfant. Et là encore, vous n'y arriveriez pas.

De plus, vous risqueriez d'avoir l'impression qu'ayant fait tout ce que vous pouviez, vous avez le contrôle de l'avenir et que vous pouvez assurer entièrement la sécurité de vos enfants. C'est potentiellement si dangereux que ça me fait peur. Parce que c'est faux. Les enfants sont bien plus à même de contrôler ce qui leur arrive que leurs parents.

De toute façon, il y a trop d'imprévus.

Vous avez peut-être déjà visité une maison où les parents avaient recouvert le bord de la table basse du salon de plastique à bulles. Les nôtres n'ont jamais fait ça, si vous ne l'aviez pas déjà deviné. Mais même s'ils l'avaient fait, ça n'aurait pas sauvé la peau de mes frères.

Matt s'est fait sa plus grosse entaille en atterrissant tête la première sur la grille du foyer. Je serais étonnée que quiconque ait pensé à entourer sa grille de cheminée de plastique à bulles. Mais ne vous précipitez pas pour le faire, elle risquerait de perdre son pouvoir magique qui attire la tête des enfants. Et du coup, ils iront atterrir ailleurs. Sur le coin du placard. Sur les marches du perron. Sur le robinet de la baignoire.

« Si tes enfants n'ont pas eu au moins quelques points de suture à l'âge de sept ans, c'est que tu les couves trop », m'a dit une autre maman fainéante.

Je suis certaine que personne ne m'accusera jamais d'être excessivement protectrice, mais j'avertis mes enfants : « Si tu tombes de cette barrière, tu risques de te faire mal. » Il m'arrivera même de les attraper pour les empêcher de faire quelque chose, mais seulement si j'estime que c'est vraiment dangereux. Car je sais que si je les laisse endurer quelques coups durs – comme se casser la figure en sautant d'une barrière, par exemple – ils seront sans doute un peu plus malins la prochaine fois. Et je pense que la leçon leur sera plus profitable que n'importe quelle mesure de sûreté ou norme de sécurité.

Quand je travaillais pour une agence de publicité à New York et que j'habitais à Manhattan, j'ai immédiatement remarqué que les piétons chevronnés n'attendaient pas le signal pour traverser la rue. Bien sûr que non. Il est complètement idiot de remonter sur le trottoir en plein cœur de Manhattan parce que le feu passe au rouge. C'est à vous de voir quand et à quelle vitesse vous allez traverser selon la rapidité à laquelle arrivent les voitures, et d'évaluer si elles ont l'intention de s'arrêter ou non. C'est aussi à vous d'estimer si tel chauffeur de taxi qui tourne à droite se préoccupe ou non des piétons qui traversent au passage piétonnier.

Tout comme il est totalement absurde de rester planté comme un idiot sur le trottoir en attendant que le feu passe au vert alors qu'il n'y a pas une seule voiture en vue. Vous traversez quand il n'y a pas de danger. Vous attendez s'il y en a. Cela ne coïncide que rarement avec les feux de signalisation. Si je m'étais fiée à ceux-ci plutôt qu'à mon jugement pour savoir s'il y avait du danger ou non, j'aurais fait les manchettes en moins de deux jours.

Mes enfants grandissent dans une ville de taille moyenne ; ce n'est ni Manhattan, ni un ranch dans le Wyoming. Ils n'ont pas à s'inquiéter de taureaux qui chargent ni de chauffeurs de taxi sans merci. Mais il semble que nous ayons quand même notre lot de petits dangers qui peuvent aider à former leur jugement. Belle a appris à ne pas faire basculer sa chaise vers l'arrière en poussant sur la table avec ses pieds. Joe, lui, sait maintenant comment éviter de renverser son tricycle et de se blesser le coude sur l'allée en béton qui mène à la maison. Et ce ne sont que quelques-unes des calamités que je laisse s'abattre sur la tête de mes enfants, en bonne mère fainéante que je suis.

J'ai de toute façon remarqué que ce n'est généralement pas en leur donnant mon opinion que je parviens à les convaincre. Mais leur expérience personnelle est tout à fait suffisante. Et je ne pense pas les avoir jamais vus faire deux fois la même erreur.

Selon moi, ils en retirent quelque chose de bien plus important que n'importe quelle leçon axée sur un danger en particulier: c'est la notion que, quel que soit notre amour pour eux, nous ne pouvons pas toujours être là pour les protéger. Et qu'ils ont bien plus intérêt à le faire eux-mêmes.

Mais je me demande à combien d'adultes on a fait croire un jour que quelqu'un d'autre devait s'occuper d'eux. Que s'ils se blessaient, ou s'ils tombaient malades, c'était sans doute à cause d'un problème fondamental du « système », et que quelqu'un devrait en être tenu responsable. Préférablement devant un tribunal. J'ai toujours envie de leur demander à quel système ils font référence. Au système solaire ? Quel système est censé nous protéger de ce qui nous arrive ?

Mais là encore, je ne peux pas vraiment reprocher aux gens d'avoir l'impression d'être des victimes. Je dois admettre que j'ai ressenti la même chose quand ma mère est décédée.

Ce jour-là, elle n'aurait pas dû être en danger. Pour elle, monter à cheval était aussi naturel que respirer. Et elle devait être en pleine forme.

C'était son anniversaire, alors elle aurait pu décider de se faire inviter à un petit-déjeuner somptueux, de se faire offrir un massage ou simplement de faire la grasse matinée. Mais elle avait choisi de se lever tôt et d'aller travailler. De regarder le soleil se lever, installée confortablement sur sa vieille selle. Mais en milieu de matinée, son cheval avait soudainement fait un brusque écart en reculant si vite qu'elle n'avait pas eu le temps de se protéger.

Le shérif avait rapidement contacté grand-père et Brad pour leur annoncer qu'elle avait eu un accident, et ils étaient arrivés à l'hôpital au même moment que l'ambulance. Ils s'apprêtaient à demander si elle avait été gravement blessée lorsque l'ambulancier leur avait annoncé qu'elle était morte. Un peu plus tard, ils ont été conduits dans une salle pour identifier son corps, et ils ont pu constater *de visu* qu'elle était morte les bottes aux pieds. Mon frère m'a raconté comment lui et grand-père avaient quitté l'hôpital ensemble. Brad avait marché silencieusement jusqu'à la voiture, trop bouleversé pour parler. Grand-père, le cœur brisé d'avoir perdu son unique fille, avait eu cette remarque inattendue : « Eh, bien, avait-il dit, nous sommes tous mortels. »

Lorsque Brad m'a rapporté cette histoire, il a ajouté que la phrase de grand-père l'avait réconforté, ce que je ne comprenais pas. Pour moi, c'était une réaction étrange face au pire événement qui s'est produit dans la vie de mon grand-père en quatre-vingt-quatre ans.

Personnellement, je me sentais amèrement trahie.

Mais plusieurs jours après les funérailles, je me suis mise à repenser à cette phrase: « Nous sommes tous mortels », et elle a pris un sens qui depuis continue à me réconforter.

Ce que grand-père avait voulu dire avec générosité, et que Brad avait su comprendre, c'est que nous sommes tous aussi vulnérables les uns que les autres devant la mort. Chaque être humain est concerné, y compris la fille adorée de mon grand-père. C'est l'essence même de la vie, et ce n'est pas une chose réservée aux gens âgés ou aux malades, ni même à ceux qui prennent des risques.

Le décès de ma mère n'était donc pas quelque chose d'injuste. C'était simplement la preuve que le monde est imprévisible et plein de dangers.

Cette prise de conscience m'a permis de me sentir moins trahie et, avec le temps, c'est ce qui m'a le plus aidée à ne pas me prendre en pitié.

Quoi qu'il en soit, la mort de notre mère ne nous a jamais empêchés de remonter à cheval. D'ailleurs, le lendemain de ses funérailles, mes frères et moi, accompagnés des membres de notre famille et de nos amis, sommes partis à cheval à quatre heures du matin pour rassembler le troupeau de poulains qu'elle avait entrepris de mener au pâturage d'été.

En regardant le soleil qui se levait sur la prairie et qui illuminait la croupe des chevaux, les pieds bien calés dans les étriers de la selle de ma mère, j'ai eu la certitude qu'à ce moment-là nous étions exactement où elle aurait voulu que nous soyons.

Là, à cheval, dans ce monde à la fois merveilleux et dangereux.

Mais la douleur est encore présente. Et parfois, c'est ce qui me porte à vouloir protéger Belle et Joe des gros chagrins, bien plus que des blessures physiques. Car je sais qu'un cœur brisé peut être plus douloureux qu'un os fracturé et que la douleur dure plus longtemps. Et pourtant, il est essentiel pour leur bonheur qu'ils soient capables de prendre des risques avec leurs émotions. Sinon, Joe ne présentera jamais sa candidature comme délégué de classe car il risquerait de perdre. Ou Belle n'essaiera pas de se joindre à l'équipe de basket car elle pourrait être reléguée au banc des joueurs. Et Joe ne demandera jamais à une fille de sortir avec lui par peur d'être rejeté.

Même si ce genre de douleur peut laisser des cicatrices, je sais qu'il est possible d'en ressortir plus fort.

Quand mon grand-père était à l'école primaire, il était affligé d'un terrible bégaiement. Un jour, en passant devant le dortoir des ouvriers agricoles, il les a entendus se moquer de la façon dont il essayait péniblement de former ses mots et ses phrases.

Les employés, « ne pensant pas mal faire », selon mon grand-père, imitaient sa façon de parler, lui prédisant un brillant avenir et disant qu'il deviendrait même « g-g-gou-gou-verneur ».

Je suis certaine que mon grand-père a dû avoir honte et se sentir terriblement blessé, mais il était surtout indigné.

« Sacrebleu, un jour, je serai gouverneur ! » s'était-il dit.

À force de ténacité et avec l'aide d'un orthophoniste, il a fini par se débarrasser de son bégaiement. Et en 1962, il a été élu gouverneur du Wyoming. Il est ensuite devenu sénateur et il est resté dans la fonction publique jusqu'au jour où il a pris sa « retraite » et est devenu éleveur de bétail.

Et encore aujourd'hui, mon grand-père est un orateur extraordinaire.

Joe, notre fils de trois ans, est né avec un problème neurologique appelé nystagmus. Mais cette incapacité à contrôler ses muscles oculaires ne l'a encore jamais ralenti. Et comme cette particularité lui donne un air un peu étrange, il risque de se faire souvent taquiner. C'est quelque chose que je redoute un peu, mais sans non plus trop m'inquiéter. À certains égards, mon fils me fait beaucoup penser à mon grand-père.

Et finalement, les blessures émotionnelles sont peut-être semblables aux blessures physiques. Elles forment l'esprit, et c'est sans doute la meilleure façon de découvrir sa force intérieure.

Mon grand-père et Charlie, mon ami qui a perdu un bras, ont tous les deux été profondément blessés par la vie. Des blessures visibles ou invisibles que je ne souhaite ni à vos enfants ni aux miens.

Mais quand je pense à eux, je suis simplement impressionnée par tout ce que les gens arrivent à surmonter.

CHAPITRE 5

Tant pis pour Harvard

On m'a un jour demandé d'écrire une lettre de recommandation pour le fils d'un ami qui voulait s'inscrire à une institution scolaire prestigieuse. Je le connaissais depuis toujours, et ça aurait dû être assez facile. J'aurais dû savoir quoi dire, de façon à ce que l'école puisse évaluer correctement les chances de réussite de ce garçon dans cet environnement.

Mais j'étais perplexe, car le jeune homme en question n'avait que deux ans.

« Il n'a jamais vomi sur moi, ai-je commencé, et il ne pousse pas de hurlements aussi perçants que ceux de mon fils de deux ans. »

C'est alors que j'ai failli appeler la maternelle pour leur demander s'ils n'avaient jamais pensé à tirer à la courte paille. Je ne comprenais pas de quelle façon ils pouvaient sélectionner les enfants au mérite. Il me semblait que tous les enfants de deux ans avaient le nez qui coulait.

« Bordel ! » aurait dit ma mère. Et pourtant, d'après ce qu'on m'avait dit, ce n'était rien comparé à la compétition qui existait dans les maternelles des villes plus importantes que la nôtre, où les enfants sont inscrits sur une liste d'attente avant même d'être nés. Je suppose que ces écoles sont plus intéressées par la capacité des parents à sortir leur chéquier que par l'habileté des enfants à grouper des objets.

Je sais aussi que l'éducation est un sujet qui préoccupe tout le monde, et pas seulement les gens qui ont des enfants en âge d'aller à l'école. Je suis sûre que certaines personnes estiment que l'avenir de notre société repose sur le système scolaire.

De plus, c'est un domaine pour lequel nous dépensons énormément d'argent, aussi est-il normal de vouloir savoir si les écoles vont bien accomplir leur travail ou non.

D'ailleurs, l'élection du comité de gestion scolaire de la petite ville où j'ai été élevée donnait lieu à des débats bien plus passionnés que ceux de la course pour devenir gouverneur de l'État. Et c'était quelque chose d'être élu. Mon père avait eu cet honneur, et s'il ne semblait pas en faire grand cas, moi, j'en étais très fière.

« Mon père fait partie du comité scolaire », expliquais-je à mes amis d'un ton sentencieux destiné à leur faire croire que je connaissais quelque chose aux arcanes du collège. Et je continuais comme ça, me disant *in petto* que certains professeurs feraient mieux de ne pas me chercher de noises s'ils tenaient à conserver leur emploi.

Mais j'ai déchanté le jour où je me suis plainte à mon père de la prof d'économie domestique qui m'avait donné une mauvaise note en couture.

« C'est peut-être parce que ton pantalon n'avait qu'une seule ouverture pour les jambes », a-t-il suggéré. Il n'a absolument pas mentionné sa maniaquerie pointilleuse ni le fait qu'elle tenait à ce que je sois absolument attentive au cours.

Je dois avouer que mon expérience de la gestion des écoles se limite à avoir eu un père qui était membre du comité scolaire. Je n'ai pas de diplôme en sciences de l'éducation. Je ne suis ni prof ni pédopsychiatre.

Je ne saurais absolument pas comment résoudre le problème des écoles publiques ni comment améliorer les résultats nationaux en géographie. Je ne sais même pas si c'est vraiment nécessaire. Je me souviens simplement que le menu de la cantine n'était pas terrible.

Mais je m'adresse aux nouvelles mamans qui, comme moi, sont peut-être déconcertées par la pression d'inscrire leur progéniture dans une très bonne école et de s'assurer que leurs enfants aient d'excellents résultats dès leur plus jeune âge.

Je n'ai pas passé beaucoup de temps à évaluer les garderies afin de trouver la meilleure pour ma fille. Déjà, je n'étais pas très certaine de vouloir l'y envoyer parce que je n'avais commencé l'école qu'en maternelle et, sans vouloir me vanter, j'ai quand même gagné le concours d'orthographe du comté.

De toute façon, j'avais plusieurs amis qui avaient pratiquement fait des tableaux comparant les différents avantages et désavantages de chaque garderie, donc, en bonne mère fainéante, je savais que je pouvais compter sur eux. Toutes les écoles semblaient avoir leurs mérites. Ainsi que leurs points faibles.

Et j'avais l'impression que les résultats de ma fille dépendraient moins de l'école que nous choisirions que de ses habitudes de travail. Et que celles-ci s'apprenaient à la maison, en faisant des montagnes de lessive.

Oh, attendez, ça, c'est mon travail, pas celui de Belle.

J'ai fini par choisir une garderie qui avait surtout l'avantage d'être située près de la maison, ce qui serait bien plus simple pour la déposer et aller la chercher. Je suis une femme très occupée, avec toutes cette lessive.

Ce n'est pas que je me fiche de l'éducation de ma fille. Loin de là. Mais on ne me convaincra pas qu'à son âge il est essentiel qu'elle soit la première à savoir lire. Ou à faire des équations. Ou à pouvoir identifier toutes sortes de dinosaures.

Beaucoup de mamans de ma connaissance semblent s'en préoccuper et sont – selon moi – excessivement ravies par les progrès de leurs enfants dans ce genre de domaines. Entre nous, cet apprentissage précoce des gamins de cinq ans a tendance à m'agacer prodigieusement.

Alors comme ça, c'est un stégosaure ? Un herbivore, tu dis ? Tu sais que tu me marches sur le pied ?

J'ai lu qu'Aristote estimait que les enfants ne devraient pas apprendre à lire avant l'âge de dix ans et qu'avant cela, ils devraient se concentrer uniquement sur la musique et la gymnastique. Hum, c'est bien le genre d'idée qui plaît à une maman fainéante.

Mais je sais bien que plusieurs personnes, y compris mon mari, ne seraient pas contentes que Belle et Joe n'apprennent pas à lire avant l'âge de dix ans. On serait même tenté de me faire enfermer.

Et on n'aurait peut-être pas tort. Peut-être que les enfants d'aujourd'hui se développent plus rapidement d'un point de vue intellectuel. Mais je pense que malgré tout, l'idée d'Aristote n'était pas si mauvaise que ça. Et qu'il n'est pas très utile de savoir lire avant de comprendre ce qu'on lit.

C'est un peu comme de savoir réciter « deux plus deux égalent quatre » sans avoir la moindre idée des principes mathématiques que cela implique. Il me semble plus important que le cerveau d'un jeune enfant apprenne à comprendre les notions de mathématiques en observant la nature qui l'entoure.

Les guimauves, par exemple. (Évidemment, si vous lisez l'étiquette sur un sac de guimauves, vous me direz que j'ai une drôle de conception de la nature.)

Cela dit, ce n'est pas moi qui ai inventé cette méthode éducative révolutionnaire. Ce sont mes enfants. Si Belle a une guimauve et que Joe en a trois, elle sait très bien qu'elle doit lui en piquer une au plus vite.

Maintenant que j'y pense, elle doit vraiment avoir la bosse des maths, parce qu'elle a compris ça très vite – à moins qu'elle soit tout simplement gourmande.

D'ailleurs, dans le domaine des relations amicales et sociales, elle doit encore assimiler les raisons pour lesquelles il n'est pas approprié de chiper les guimauves de quelqu'un. Et les bonnes manières sont bien plus importantes que les maths, quel que soit l'âge.

La nourriture et les mathématiques sont des sujets qui cohabitent fréquemment, chez nous. Tout d'abord, Belle et Joe sont d'excellents juges des quantités et des masses en ce qui concerne les desserts. Et, si vous voulez vraiment être impressionné par mes méthodes d'éducation à la maison, voici ce qui se passe lorsque nous faisons des gâteaux.

Tout d'abord, regardez l'image au dos de la boîte (Oui je sais, c'est décevant, nous utilisons des préparations...). Que dit la recette ? Trois œufs ? Va me les chercher, s'il te plaît. Fais attention. Oh, le beurre doit être ramolli. Tu peux en déposer sur une assiette et le mettre dans le four à micro-ondes ? Appuie sur « 1 ». Tu peux mélanger, Joe, mais garde la cuillère au fond du bol pour qu'il n'y ait pas d'éclaboussures.

Belle, te souviens-tu où sont les tasses à mesurer ? Il nous faut celle du milieu, et tu la remplis d'eau froide. Froide, pas chaude. Tu préfères faire des petits gâteaux, Joe ? Au fait, on dit « gâteau », pas « dâteau ». Va chercher le moule. Vous pensez qu'on va devoir faire plus d'une fournée de petits gâteaux pour utiliser toute la pâte ? Oui, moi aussi. Nous verrons combien il y en aura lorsque nous aurons terminé.

Belle et Joe n'ont pas l'air de réaliser que faire la cuisine peut être une tâche fastidieuse. Tout comme les maths. Ils ont même l'impression de s'amuser, ces chers petits, en apprenant à compter, à évaluer les volumes et les relations spatiales. Et en regardant les petits gâteaux cuire à travers la porte du four, ils remarquent aussi que la chaleur a tendance à faire gonfler les choses. (Mais cela n'empêchera quand même pas mes petits gâteaux de se fendre au milieu.)

Ils apprennent aussi combien il est enrichissant d'utiliser ces connaissances dans un but précis. Et pour eux, la fabrication de petits gâteaux au chocolat est un résultat extrêmement motivant.

Heureusement, je ne suis pas obligée d'inventer un système de bons points pour qu'ils se sentent fiers d'avoir récité l'alphabet. Et peut-être que lorsqu'ils seront grands, cette association se traduira à toutes fins par leur capacité à fabriquer leur propre terrasse en briques au lieu d'aller lever des haltères dans un club de gym.

Je ne dis pas que les écoles devraient changer leurs programmes et y inclure des cours tels que « Pâtisserie », « Comment faire son lit » et « Trier ses vêtements ». Mais je me questionne un peu sur l'intérêt d'apprendre les maths, la physique et la littérature de façon isolée quand on est petit, surtout si on apprend ces matières au détriment des relations sociales. Je ne vois pas en quoi cela les avance de savoir écrire leur nom avant un autre enfant.

Par contre, je vois très bien en quoi cela nous avance qu'ils sachent se faire un sandwich dès leur plus jeune âge. Ou bien qu'ils sachent ranger leurs affaires. Ou nourrir leurs animaux.

D'ailleurs, plus vite Joe et Belle sauront se débrouiller pour ce genre de choses, mieux ce sera.

Je me rends bien compte que ça ne va sans doute pas améliorer mes tendances fainéantes, mais je suis prête à courir ce risque. Dans l'intérêt de mes enfants.

Mon père, Pete, tenait à ce que nous sachions nous débrouiller seuls, mais il ne nous a jamais poussés à exceller à l'école. Évidemment, il aurait été assez hypocrite d'avoir l'attitude contraire. Il avait lui-même abandonné le lycée, ce qu'il s'était sans doute bien gardé de dire en se faisant élire au comité scolaire. Tant pis, trop tard.

Je sais qu'il est difficile sachant cela de ne pas se faire immédiatement une opinion sur sa personne, mais je vous assure que mon père est quelqu'un d'intelligent et qu'il a très bien réussi dans la vie. Il n'a pas eu beaucoup d'éducation académique, c'est tout.

Quand il avait neuf ans, son père a été tué dans un accident de bateau, et c'est ainsi que mon père et sa sœur aînée, Andrea, ont été élevés par leur mère. Cela n'aurait sans doute pas vraiment eu d'effet sur leur éducation si ce n'est qu'à l'époque, ma grand-mère ne se préoccupait pas tellement de leurs résultats scolaires. Elle s'intéressait plutôt au ski. Elle avait été capitaine de l'équipe de ski féminine de l'Est des États-Unis et dirigeait à présent une station de ski dans le Vermont. Mon père et Andrea étaient de très bons skieurs mais, comparée aux autres femmes, Andrea était la meilleure. Elle était d'une rapidité incroyable. À peine adolescente, elle avait été recrutée par l'équipe de ski nationale. À cette époque-là, les courses importantes se passaient en Europe. Elle a donc fait ses adieux à l'école et elle a commencé la tournée des stations de ski européennes, travaillant sans relâche pour enfin gagner deux médailles d'or aux Jeux olympiques d'Oslo, en 1952.

Il est possible que ma tante ait créé un précédent. C'est peut-être à cause de son succès que ma grand-mère ne s'est pas trop préoccupée des résultats scolaires de mon père. Toujours est-il qu'il a lui aussi cessé d'aller à l'école, et qu'il n'y est jamais retourné.

Il s'est engagé dans la garde nationale à dix-sept ans, prétendant qu'il en avait dix-huit. Quand il est rentré de la guerre de Corée, il a commencé à travailler dans une station de ski puis il s'est ensuite lancé dans l'élevage bovin, pour enfin devenir agent immobilier. Je suppose que personne n'a jamais pensé à lui demander ses diplômes.

Et pourtant, il a toujours été un exemple pour mes frères et moi. Travailler dur, skier vite et ne pas trop rêver aux formules de succès toutes faites. Mais nous avions de toute façon nos raisons pour rester à l'école. D'ailleurs, je suis la seule de ses enfants à ne pas avoir de diplôme de troisième cycle.

Même si Belle et Joe suivent nos traces et restent à l'école et que, contrairement à nous, ils excellent dans leurs études, je n'en conclurai pas pour autant que la gloire les attend.

Je connais un garçon et une fille qui ont particulièrement bénéficié de l'intérêt de leurs parents pour leurs résultats scolaires. Mais ils en ont aussi souffert. Ils sont très en avance en maths et en lecture, mais n'essayez pas de leur lancer un ballon, parce qu'ils le recevront sur la tête avant d'avoir pu l'attraper.

Ces pauvres petits en sont extrêmement gênés. Qui ne le serait pas à leur place ? Et il est humiliant d'être toujours choisi en dernier quand on forme les équipes sportives. De plus, cette situation a affecté leurs aptitudes sociales et ils seront mal préparés à travailler en équipe plus tard. Et c'est vraiment dommage, car nous sommes souvent amenés à fonctionner en équipe, dans la vie. En famille, en affaires, en mariage, en communauté.

Le problème, ce n'est pas seulement qu'ils ne savent pas attraper un ballon. Ils n'arrivent pas non plus à s'amuser dans un environnement non structuré. Quand on leur demande d'aller jouer à l'extérieur, ils refusent. Et si on les met quand même dehors, ils ne savent pas quoi faire et traînent sous le porche jusqu'à ce qu'on les laisse rentrer dans la maison.

Il est important que les enfants sachent jouer, s'amuser et apprendre tout naturellement, sans qu'on leur ait expliqué comment le faire. Parce que même les bébés en sont capables. Mais il semblerait aussi que ce soit quelque chose qu'ils oublient, lorsqu'ils s'habituent au fait que leur vie entière soit structurée. À un point tel que si on leur dit d'aller jouer dehors, ils ne savent pas quoi faire.

Mes tendances fainéantes s'accommodent très bien du concept de temps libre. Cela ne me gêne pas du tout de laisser mes enfants trouver quelque chose d'intéressant à faire pour s'occuper.

Et quand je dis « intéressant », je ne parle pas de se changer dans la voiture en fonçant d'une leçon de musique à un entraînement de foot, d'une audition de danse à une répétition de théâtre ou d'un match de basket à une fête d'anniversaire. En ce qui me concerne, je trouve ça totalement rasoir, pas intéressant du tout.

Chacune de ces activités, prise séparément, a certainement un intérêt. Ce serait sûrement très bien que Belle fasse de la danse classique. Je suis tout à fait d'accord pour que Joe apprenne à jouer d'un instrument de musique. Et je serais ravie qu'ils se mettent tous les deux à skier. Mais il est bien plus important qu'ils puissent s'amuser tout seuls et qu'ils sachent quoi faire de leur temps libres.

C'est pour cette raison que j'ai l'intention de choisir soigneusement leurs activités. Et aussi, je l'avoue, parce que je n'ai pas l'intention de passer mon temps à faire le chauffeur.

J'ai déjà un boulot, merci, et en plus, je suis payée pour le faire. Je veux avoir le temps de pouvoir m'y consacrer et de produire un bon travail. Et je ne pense pas que ce soit un mauvais service à rendre à mes enfants.

Je n'oublierai jamais cet épisode au cours duquel ma famille parlait d'un procès que ma belle-sœur avait gagné pour un de ses clients. Mon neveu de huit ans était présent lui aussi, mais je ne me doutais pas qu'il suivait la conversation plutôt aride, jusqu'au moment où il a fait remarquer : « Ma maman est une très bonne avocate. »

J'ai été impressionnée qu'il soit impressionné, à cet âge-là, par la réussite professionnelle de sa mère. Je parie que c'est ce qui le motive à bien travailler à l'école. Et il a de bons résultats. Elle ne le pousse pas à réussir, elle le tire. Parce qu'elle lui donne l'exemple et qu'il l'admire réellement.

Et heureusement que j'ai eu, moi aussi, des parents qui m'ont inspirée plutôt que de me forcer à travailler. J'aurais été terrassée de savoir qu'au moindre petit échec, scolaire ou extrascolaire, ils auraient soupiré : « Tant pis pour Harvard. »

Ou plutôt, je me serai complètement rebellée. Et ça aurait été : « Tant pis pour le collège. »

Mes parents ne tenaient pas à ce que nous soyons des superenfants. Ils voulaient que nous soyons indépendants. Et un enfant ne peut sans doute pas être les deux à la fois. Pour être un super -enfant, il faut constamment avoir des parents, des entraîneurs et des moniteurs qui vous disent quoi faire, comment faire et à quel moment. Vous ne saurez pas réfléchir par vous-même ni à quoi employer votre temps libre.

Mes frères et moi avons appris à réfléchir par nous-mêmes. Même si cela nous a amenés – surtout en ce qui me concerne – à faire des erreurs idiotes. Mes parents n'avaient ni le temps ni l'envie de nous dire quoi faire et comment faire. S'ils nous donnaient un conseil, ça se limitait généralement à : « Ne t'esquive pas et tout ira bien. »

C'est à peu près tout ce qu'a dit ma mère à mon frère en lui passant les rênes de son entreprise.

Ma mère a posé sa candidature au poste de gouverneur général quelques années avant sa mort. Son charme chaleureux et spontané et son implication dans de nombreuses activités sans lien direct avec l'élevage étaient bien connus, et elle était une personnalité appréciée dans tout le Wyoming. Elle était parvenue à gagner les élections primaires et à assurer la nomination de son parti. À l'époque, elle et mon père étaient divorcés et elle s'occupait seule du ranch.

Avant de partir en campagne pour essayer de détrôner le gouverneur de l'époque, ce qui n'allait finalement pas se produire, elle a confié la direction du ranch à Matt, mon frère cadet, qui la remplacerait pendant qu'elle ferait la tournée de l'État. À l'époque, tout comme de nos jours, dans le Wyoming, les élections se gagnaient sur le pas des portes et dans les auditoriums de lycées. Pas à la radio ni à la télévision.

En lui confiant l'élevage de 2 000 vaches, ma mère n'a pas laissé beaucoup d'instructions à mon frère. Mais elle lui a dit une chose : « En rassemblant le bétail, il faut que tu restes à l'extérieur de la ligne de la clôture. Tu travailleras plus longtemps et plus dur que tout le monde, mais c'est la seule façon de t'assurer que tu ne laisseras aucune bête derrière toi. »

Sur ces mots, elle est partie pour la ville de Cheyenne.

J'espère que Belle et Joe réussiront ce qu'ils entreprendront, y compris à l'école. Mais ils l'auront choisi, et ce sera à leur manière. Pour ma part, je ne peux pas penser à un meilleur conseil que celui que ma mère a donné à Matt.

Restez à l'extérieur de la clôture, les enfants.

Restez à l'extérieur.

CHAPITRE 6

Chacun sa salle de bains

Je suis certaine que vous ne feriez jamais un truc aussi idiot que déménager toute votre maisonnée, y compris un bébé d'un an, enceinte de huit mois, six jours avant Noël, le jour de l'anniversaire de votre mari et pendant une tempête de neige.

En tout cas, c'est quelque chose que je ne ferai pas deux fois.

Et pourtant, la première fois, ce n'était pas prévu. La maison que nous avions achetée était en très mauvais état et nous avons réalisé qu'il faudrait faire plusieurs rénovations avant de pouvoir y emménager. Nous avons soigneusement calculé que les travaux allaient durer six mois. Sept mois maximum. Ce qui signifiait que nous pourrions tranquillement emménager au cours de l'été.

C'était un plan parfait.

N'importe quelle personne un tant soit peu intelligente aurait pu nous dire qu'il fallait prendre l'estimation la plus conservatrice de l'échéancier et la multiplier par deux. Ce qui aurait repoussé notre date de déménagement vers la fin décembre, à un moment où j'aurais supplié n'importe qui de déclencher mon accouchement.

En passant, cette formule fonctionne également pour le budget des travaux.

Mais aucune des rénovations ne semblait optionnelle. Pour nous garer dans l'étroit garage construit dans les années 20, il aurait fallu nous acheter des Ford modèle T. La cuisine était un peu plus récente, mais la couleur de mes poignées et de mes torchons jurait complètement avec le vert olive des électroménagers, qui fonctionnaient pourtant encore parfaitement bien. Mais je suis certaine que cette couleur ne reviendra pas à la mode avant euh... 2005... Oh, zut !

Mais le problème majeur, c'était que cette maison n'avait pas – et n'avait jamais eu – de salle de bains principale.

Heureusement, il y avait une vieille véranda à côté de notre chambre, que nous pouvions facilement – grâce à la magie de notre chéquier – transformer en une ravissante salle de bains. Non seulement voulions-nous avoir la nôtre, mais nous estimions aussi qu'il était important que les enfants aussi aient la salle de bain existante à leur entière disposition.

Lorsque nous avons fait les plans, même si cette amélioration n'était pas absolument essentielle, elle nous apparaissait importante, surtout si nous voulions vendre la maison un jour.

Et franchement, nous nous demandions comment les occupants précédents avaient pu vivre sans salle de bains. Seulement deux familles avaient habité dans cette maison depuis sa construction soixante-quinze ans plus tôt. Tous leurs enfants y étaient nés et y avaient grandi jusqu'à l'âge adulte. Par hasard, chacune de ces deux familles avait eu huit enfants.

Une salle de bains. Huit enfants. Peut-on trouver une meilleure définition de l'enfer sur terre ? La première fois que nous avons visité la maison, je me souviens que ça m'a donné le frisson. Comment pouvaient-ils vivre comme ça ? Et continuer à se parler ?

Mais après y avoir mûrement réfléchi, je me suis rendu compte que nous sommes bien plus susceptibles de nous quereller dans notre petite famille de quatre personnes. Nous pouvons en effet nous permettre une petite dose de chaos, un certain manque de discipline et un comportement parfois égoïste, mais tout ça est impossible lorsque dix personnes doivent se partager une seule salle de bains. Elles doivent donc apprendre – dès leur plus tendre enfance, je dirais – à s'entendre avec les autres et à vivre en communauté.

Non seulement les gens qui nous ont précédés ont-ils dû partager leur salle de bains et apprendre à y passer le moins de temps possible, mais ils ont aussi dû vivre les uns sur les autres quand ils n'attendaient pas leur tour pour la douche. Cette maison n'est pas très grande. Pendant les années 20, les familles moyennes ne faisaient pas construire des maisons aussi énormes que maintenant. Les enfants couchaient à deux ou trois par chambre et prenaient sans doute leur petit-déjeuner à tour de rôle.

Mais pensez aux compétences qu'ils ont dû développer pour sortir indemnes d'une matinée. Sans parler du lycée. Il fallait qu'ils sachent planifier, coopérer, résoudre rapidement les disputes. Imaginez qu'après avoir terminé dans la salle de bains, l'un des enfants y laisse son pyjama en boule par terre et des traînées de dentifrice dans le lavabo. Ce sont peut-être des fautes minimes, mais multipliez-les par dix et vous comprendrez pourquoi tout le monde avait intérêt à être plus courtois, même si je me doute bien que ces gens ont aussi dû apprendre à faire des compromis et à se pardonner.

Ce sont des compétences très importantes. Et elles leur ont sûrement servi lorsqu'ils ont quitté leur foyer. Alors, finalement, cette maison était peut-être très bien comme ça, avant que nous la rendions « vivable ».

Mais j'ai entendu de nombreux couples dire qu'ils voulaient offrir à leurs enfants une vie plus confortable que la leur. Une chambre ou une salle de bains à eux, ou n'importe quoi en général.

Mais, moi, mon but n'est pas là. Je sais, il serait facile de mettre ça sur le compte de ma paresse légendaire. Mais je ne suis quand même pas toujours fainéante. Juste comme maman. À mon travail, je suis une bosseuse acharnée, mais ce n'est pas pour donner à mes enfants plus de confort que j'en ai eu, ce qui n'était pas grand-chose si je le compare à celui de mes amis. Mes parents nous ont privés de façon intelligente, et j'espère bien pouvoir faire la même chose pour mes enfants.

D'ailleurs, je ne pense pas que mes parents, ou ceux qui habitaient dans notre maison avant nous, essayaient d'être particulièrement ingénieux. Ils étaient probablement tout simplement trop pauvres. Quand on a de l'argent ou qu'on est prêt à s'endetter, il doit sans doute être tentant d'offrir à ses enfants leur propre espace ou leurs propres affaires. Mais j'ai peur qu'en grandissant mes enfants prennent de mauvaises habitudes, et c'est quelque chose que je voudrais éviter.

L'habitude d'avoir chacun sa chambre, bien sûr. Et chacun sa salle de bains. Et il leur faudra aussi chacun leur télé pour ne pas être obligés de regarder les émissions des autres.

Et ça va continuer. Ils auront chacun besoin d'un ordinateur, sinon ils ne pourront pas faire leurs devoirs, parce que partager, ce n'est vraiment pas pratique. Et pour leurs sorties, ils voudront chacun une voiture pour pouvoir se déplacer sans tenir compte de l'emploi du temps des autres. Et ils ne pourront pas parler à leurs amis – pas vraiment – sans avoir leur propre téléphone avec leur propre numéro. Et puisqu'on parle de vie privée, il leur faudra chacun une carte de crédit afin qu'ils n'aient pas à me demander de leur acheter quelque chose et courent ainsi le risque que je leur réponde « non ».

J'ai peut-être l'air d'exagérer, mais je pense que je viens de décrire la vie d'un adolescent moyen dans une banlieue américaine. Et il est facile de tomber dans ce piège. Je me suis déjà laissé entraîner et mes enfants n'ont même pas l'âge de posséder un seul des articles que je viens de citer. Ça commence plus tôt que ça, je peux en témoigner.

Je ne sais pas quel a été le premier mot de votre cher bambin. « Maman », peut-être, ou « papa ». Mais moi, je suis certaine que la première fois que Belle a parlé, elle a dit : « À moi. »

Et il faut comprendre ce que Belle voulait exprimer quand elle disait « ma tasse ». Elle ne parlait pas simplement de la tasse dans laquelle elle buvait, mais d'une tasse spécialement achetée pour elle et elle seule. Elle était décorée d'un dessin de Blanche Neige et personne n'avait le droit d'y toucher. Surtout pas son petit frère.

Tout d'abord, ça ne m'a pas semblé très grave. Je ne voyais pas où sa possessivité allait nous mener. Je trouvais ça sympa d'acheter à mes enfants leurs propres ustensiles, assiettes, tasses et bols en plastique, décorés de héros de séries télévisées populaires et destinés soit aux garçons, soit aux filles selon le personnage représenté, de sorte qu'il n'y ait aucun doute sur l'identité de leur propriétaire. Ce n'est pas comme des bicyclettes pour des enfants de tailles différentes, ce qui est une différence fonctionnelle. C'est une question de contrôle. J'ai acheté environ une dizaine d'assiettes, vingt ustensiles et une douzaine de tasses avant de voir où ça allait nous mener et de constater que je n'étais pas sortie de l'auberge.

Une des conséquences directes de ces achats, c'était les repas personnalisés qui devaient aller avec ces couverts. Vous est-il déjà arrivé de préparer un plat pour les adultes, un autre pour votre aîné et encore un autre pour votre petit deuxième ? Et avez-vous eu l'impression d'être la meilleure maman du monde ou bien d'avoir distribué accidentellement des menus au début du repas ?

Je ne veux pas donner l'impression à mes enfants que tout est fait sur mesure et qu'il faut que les choses se passent comme ils le veulent. Je vois d'ici comment, plus tard, ils pourraient avoir une attitude insupportable au restaurant, sur la route ou en voyage dans un pays étranger.

J'ai donc fini par me débarrasser de ces couverts et nous avons réussi à mener une vie moins individualiste, une vie où mes enfants mangent ce qui a été préparé pour la famille ou bien ils ne mangent pas, une vie où nous avons une étagère pleine de tasses et où nous prenons la première qui se trouve à portée de la main. Elle vous appartient pendant que vous l'utilisez, puis vous la lavez et vous la remettez dans le placard pour la personne suivante.

Au début, ça semblait si merveilleux que j'ai cru avoir inventé un système extraordinaire et que j'ai voulu déposer une demande de brevet. Puis j'ai réalisé que c'était tout simplement normal.

Mais parlons de choses plus importantes que de bols de céréales décorés. Parce qu'il est facile de s'imaginer que son enfant réussira mieux à l'école s'il est équipé de... son propre ordinateur.

Peut-être. Peut-être pas.

J'ai lu un article au sujet d'une femme qui avait été engagée pour diriger une importante division d'un conglomérat de télécommunications. Apparemment, le fait que son concurrent principal soit plus grand, mieux établi et qu'il dispose de plus de moyens ne semblait pas la gêner. Elle racontait en effet qu'ayant grandi dans une banlieue pauvre de Pittsburgh, elle avait dû jouer des coudes avec cinq frères et sœurs pour être « logée, nourrie, blanchie », comme elle disait avec humour. Puis elle avait payé ses études en travaillant chez Mcdonald's, puis dans un entrepôt de vêtements et dans une usine de tracteurs.

Après avoir lu l'histoire de cette femme, je me suis demandé ce qui aiderait le plus ma fille à réussir dans la vie : avoir son propre ordinateur ou devoir en partager un avec trois autres personnes ? Je vais peut-être choisir la deuxième option.

Tiens, je ne suis peut-être pas si fainéante que ça, après tout. Je suis en train d'aider Belle à devenir la dirigeante combative d'une entreprise de deuxième zone.

« Merci de ne pas m'avoir donné tout ce que je voulais, maman », puis-je déjà l'entendre me dire dans un avenir pas si lointain.

En fait, ça ne ressemblerait pas tellement à la Belle que je connais et que j'adore.

Mais j'espère vraiment qu'elle et Joe réussiront à partager le monde dans lequel ils vivent. Qu'ils sauront poliment se frayer un chemin dans un parking bondé. Qu'ils pourront faire la queue patiemment derrière des étrangers transpirants et tatoués d'images obscènes. Et qu'ils feront de leur mieux pour réagir calmement à l'attitude désagréable d'un serveur de restaurant.

Ce n'est pas un comportement héroïque. C'est de la simple courtoisie.

Mes grands-parents ont des manières impeccables. C'est peut-être simplement leur personnalité, mais je ne pense pas que ce talent soit d'origine génétique, sinon je leur ressemblerais plus. Je pense que c'est simplement une question de circonstances.

Ma grand-mère a épousé mon grand-père et elle s'est installée dans son ranch à la fin du mois de septembre 1934. Dans cette partie du monde, septembre est presque le début de l'hiver. Même pendant les bonnes années, l'élevage n'était pas une affaire florissante et, à cette époque, c'était la Dépression. Une fois les ouvriers payés et le matériel acheté, chaque dollar économisé servait à acquérir du bétail et des terres. Mes grands-parents ne pouvaient pas se permettre de se construire une maison, aussi ont-ils emménagé dans le dortoir des ouvriers agricoles. Et ils ont vécu là pendant six ans.

Les jeunes époux, ainsi que les deux bébés qui sont nés peu après, étaient logés à l'étroit. Les quatre ouvriers étaient installés avec leur paillasse et leurs quelques possessions dans la pièce arrière et au deuxième étage de la simple baraque de rondins. Mes grands-parents vivaient au rez-de-chaussée afin que ma mère puisse être plus près de la cuisine, où elle préparait les repas pour tout le monde.

Lorsque nous lui demandons comment c'était de vivre avec les ouvriers, elle répond simplement : « Ils étaient très gentils. »

Si mes grands-parents n'avaient pas été extrêmement courtois avant d'emménager ensemble dans cette baraque, ils le seraient rapidement devenus par la suite. Et aujourd'hui encore, mon grand-père continue à dire : « Excuse-moi,

Martha » s'il a l'impression d'être dans mon chemin. Les expressions « après toi », « pardonne-moi » et « je t'en prie » font partie de leur vocabulaire quotidien.

Mes grands-parents traitent tout le monde avec déférence. Les employés. Les vendeurs. Et même les gens qui font du télémarketing. Ils ne semblent jamais penser : « Oh, je ne vous reverrai jamais. »

Mais le plus impressionnant, c'est leur politesse l'un envers l'autre.

Je suis certaine que ce sont leurs bonnes manières qui leur permettent, après presque soixante-dix ans de mariage, de continuer à avoir une relation intéressante, épanouie et romantique. Et qui ne voudrait pas vivre auprès de quelqu'un d'aussi bien élevé ? Je ne parle pas de la façon de mettre la table, ni de la manière dont on s'adresse aux dirigeants de l'État, bien que mes grands-parents sachent le faire. Je fais référence à la manière dont il faut traiter les gens qui nous entourent, y compris sa propre famille : avec respect, compassion, indulgence et humour.

Je sais qu'à notre époque, la situation de mes grands-parents dans le dortoir peut sembler un peu extrême, et je suis heureuse de ne pas être obligée de vivre la même chose. J'ai appris à mes enfants à aller sur le pot avec tous les avantages de la plomberie moderne, et je ne sais vraiment pas comment j'aurais fait, en hiver, si nous avions dû utiliser des toilettes sèches à l'extérieur. Et je sais que les gens peuvent aussi apprendre les bonnes manières même dans une grande maison.

Mais je continue à penser que plus nos enfants ont d'espace et de possessions personnelles, moins ils auront l'occasion d'apprendre à partager, à planifier, à être patients et à trouver des solutions dans ce qui est, après tout, un monde communautaire.

Alors, le jour où j'ai entendu des amis me dire qu'ils aimeraient bien avoir un deuxième bébé mais que c'était impossible car il leur faudrait une deuxième chambre, je n'ai pas pu m'empêcher de leur suggérer que leurs enfants pourraient partager celle qui existait déjà. Et j'ai vu à leur regard qu'ils ne croyaient pas leur chance d'avoir reçu gratuitement mon avis sur la question.

En tout cas, ils ont été assez gentils de ne pas me faire remarquer que je ne suivais pas mon propre conseil. Belle et Joe ont chacun leur petite chambre dans notre vieille maison. Mais j'espère que malgré cela, ils seront aussi sociables que les seize enfants qui ont vécu au même endroit avant eux. D'après ce que je sais, ils faisaient partie de familles formidables et ils ont reçu une excellente éducation.

Un jour, dix-huit personnes ont sonné chez nous. C'étaient les membres de la famille qui avait habité ici pendant les années 30, 40 et 50. Je venais de rentrer du bureau, je ne savais absolument pas si les lits étaient faits et je n'avais pas la moindre envie de recevoir autant de monde.

Mais, lorsque j'ai ouvert la porte, ils m'ont annoncé qu'ils avaient une réunion de famille et m'ont demandé s'ils pouvaient jeter un coup d'œil à la maison dans laquelle ils avaient grandi.

« Hors de question, ai-je dit, et la prochaine fois, prenez le téléphone et appelez-moi avant. » Et j'ai claqué la porte.

En fait, ça ne s'est pas passé comme ça. C'est seulement ce qui m'a traversé l'esprit avant que je leur fasse mon plus beau sourire et que je leur dise : « Mais bien sûr, entrez donc ! »

Mon mari et moi avons passé l'heure suivante avec eux, et c'était à mourir de rire. Ils avaient une histoire impayable pour chaque pièce de la maison. Ces frères et sœurs continuaient à bien s'entendre et avaient inclus leurs époux dans leur clan.

Nous avons appris qu'il y avait eu un incendie dans la chambre de Joe parce qu'un des garçons avait volé les rubans de ses sœurs et en avait fait un feu de camp dans son placard. Ça expliquait pourquoi les portes et les boiseries de ce placard étaient différentes de celles du reste de la maison. Ils nous ont aussi raconté leurs glissades sur la rampe d'escalier en direction de la porte d'entrée et nous ont mentionné quels articles restaient le plus souvent coincés dans la trappe à linge ; et nous avons pu constater à quel point il serait très facile pour Belle et Joe de se sauver en pleine nuit.

À part ce dernier détail, je souhaite à Belle et à Joe de vivre la même chose. Qu'ils soient encore amis dans soixante ans. Qu'ils aient des histoires merveilleuses à raconter sur leur enfance dans notre vieille maison. Et qu'un jour, ils sonnent à la porte, accompagnés de leurs époux.

En ayant téléphoné d'abord, bien sûr.

CHAPITRE 7

Ne m'énervez pas

En bonne mère fainéante, je suis assez adepte des « conséquences naturelles » pour ce qui est des punitions. Si Joe décide d'avaler une boîte entière de céréales, j'estime qu'il sera parfaitement puni en vomissant. Que je me mette à hurler en gesticulant serait de la pure redondance de ma part.

Aussi puis-je aussi rester confortablement assise avec ma tasse de thé. Ah !

Ma mère n'a certainement jamais fait beaucoup d'efforts à cet égard. Juste avant la photo de classe de CM 2, j'ai décidé de me faire un nouveau look, et j'ai coupé ma frange et les boucles qui entouraient mon visage avec le rasoir de mon père. Quand j'eus terminé, je ressemblais à un caniche.

Pensez-vous que ma mère se soit mise en colère ? Pas du tout. Elle est simplement restée là à me regarder, puis elle est retournée à son livre en essayant de réprimer ses éclats de rire.

Non seulement elle ne m'a pas grondée, mais elle ne m'a pas envoyée chez le coiffeur pour qu'il répare les dégâts. Et je n'ai pas eu besoin de sermon pour regretter d'avoir fait ça deux jours avant ma photo de classe.

Je suis vraiment heureuse d'avoir compris comment ce système fonctionnait quand j'étais petite et je remercie mes parents de ne pas avoir essayé de m'en « protéger ». J'ai essayé de suivre leur exemple et de laisser mes enfants subir les conséquences naturelles de leurs actes, généralement en évitant de m'en mêler.

Mais nous, les parents, ne tenons pas à ce que nos enfants subissent les conséquences naturelles d'avoir traversé la rue sans regarder autour d'eux. C'est pourquoi, lorsqu'ils se précipitent imprudemment sur la chaussée, nous leurs crions souvent ironiquement « Arrête immédiatement ou je te tue ! » Puis nous regardons autour de nous parce que nous ne voulons pas que les voisins aillent s'imaginer que nous pouvons perdre notre sang-froid et nous mettre à hurler.

Ils pourraient croire que nous sommes des parents horribles, incontrôlables et sans doute aussi incapables.

Mais, tous mes voisins vous le diront, je me mets en colère contre mes enfants. Et je crie après eux. Il m'arrive de dire, à l'occasion, des choses que je regrette. J'essaie, bien sûr, de m'excuser, mais je ne suis pas devenue infaillible le jour où j'ai accouché. De plus, je ne pense pas que ce soit forcément inefficace de se fâcher.

Ça fonctionne drôlement bien quand on est en voiture, en tout cas. Un jour que mon mari s'était absenté, je suis allée conduire Joe et Belle chez mon père pour le week-end. Au bout de deux heures, ils ont commencé à se provoquer avec une efficacité unique aux frères et sœurs. On attrape le paquet de chips et on l'agite juste hors de portée de l'autre. Coups de pieds, grincements de dents et cheveux tirés. Suivis de pleurs et de hurlements.

Régulièrement, par-dessus mon épaule, je leur disais d'arrêter : « Belle, partage les chips avec Joe. » Puis : « Joe, ne frappe pas ta sœur. » Et enfin, d'une voix de stentor : « Silence ! »

Mais mes enfants savaient que je devais me concentrer sur la route et rien n'a suffit à ralentir l'escalade du conflit.

J'ai fini par en avoir assez des hurlements et des pleurs, sans parler des coups de pied dans le dossier de mon siège. À leur grande surprise, j'ai arrêté la voiture sur le bord de la route. Ce revirement de situation soudain a suffit à les réduire au silence, mais ils ont été encore plus surpris quand je me suis retournée et que je leur ai flanqué une claque sonore sur les cuisses (leurs fesses étaient hors de portée) en hurlant que s'ils n'arrêtaient pas de se disputer dans la voiture, nous allions faire demi-tour et rentrer à la maison !

« Quand les poules auront des dents », a rajouté le côté rationnel de mon cerveau.

Mes enfants étaient assez intelligents pour savoir que je ne mettrais pas ma menace à exécution, car nous avions déjà parcouru près de deux cents kilomètres. Je sais très bien que tous les livres d'éducation vous diront que l'erreur numéro un, c'est de faire des menaces invraisemblables.

Mais cela n'a cependant pas diminué l'impact de mes mots et de mes actions d'un iota, car la question n'était pas de savoir si nous allions rentrer à la maison ou non.

Ce qui était important, c'était que j'étais absolument furieuse. Suffisamment pour arrêter la voiture sur le bord de la route, me retourner et les frapper en hurlant avec un air féroce. Ça ne leur a pas plu du tout et, après avoir pleurniché un peu, ils se sont conduits comme des enfants modèles pendant les cent cinquante kilomètres suivants.

Je pense que lorsque j'ai arrêté la voiture, Belle et Joe ont compris qu'en se comportant mal, on pouvait rendre les gens furieux. Et que même si on n'a pas de meilleure raison de bien se comporter, il est préférable de ne pas se conduire trop mal, sinon on risque vraiment de déchaîner la colère de quelqu'un.

Je sais, les psys pour enfants nous diront peut-être que nous avons échoué si nos enfants ne se comportent bien que parce qu'ils ont peur de nos réactions. Et la plupart du temps, ils auront sans doute raison car, souvent, si nos enfants se comportent mal, il existe une conséquence naturelle pour les punir et leur donner une raison mémorable et efficace de bien se conduire.

Mais il arrive aussi qu'il n'y en ait pas et que nous devions imposer nos propres conséquences. Par exemple, je suis assez en faveur du fait d'envoyer mes enfants se calmer dans une autre pièce. C'est ce que j'appelle un temps mort. Cette méthode est assez efficace, parce que dès qu'on leur dit de quitter la pièce, ils ont l'impression que nous allons nous mettre à regarder des dessins animés en mangeant des bonbons.

Cette isolation est une chose logique car, y compris en prison, c'est ainsi que l'on punit les comportements inacceptables.

Mais les temps morts ne sont pas une « conséquence naturelle », car l'intervention des parents – voire l'application de la loi – est nécessaire pour mettre un terme aux mauvaises actions.

Comme lorsque vous continuez à vous battre avec votre frère ou avec votre sœur dans la voiture. Quelqu'un est obligé d'intervenir car il n'y a pas d'autres conséquences. Vous pourriez continuer pendant des heures ! Vous avez tous les deux une ceinture de sécurité, alors vous ne risquez pas vraiment de vous blesser. Mais vous allez rendre tous les autres passagers – y compris le conducteur – complètement fous.

Et on ne peut pas vraiment vous attacher sur le toit de la voiture pour un temps mort de quinze kilomètres. Quoique j'avoue m'être imaginé la scène avec délectation pendant un instant.

En repensant à quand j'étais petite, je sais que je redoutais la réaction de mes parents si je me comportais ainsi. J'avais peur. Déjà, je n'aimais pas les voir en colère, mais surtout, la cuillère de bois faisait drôlement mal. Mes parents ont semblé devenir plus raisonnables avec les années, à moins que ce ne soit moi qui aie mieux assimilé la logique dont découlaient les règles de la maison. Mais j'ai appris qu'il fallait les suivre bien avant de leur trouver quelque mérite que ce soit.

Et cela, parce qu'ils me donnaient la fessée quand je m'étais mal comportée en pleine connaissance de cause, et plus particulièrement si je leur manquais de respect. Je sais qu'il est délicat de défendre la fessée. C'est un peu comme la chirurgie esthétique. Dès qu'on lui trouve quelque mérite, il y a toujours quelqu'un qui ira trop loin.

Mais ce dont je me souviens à propos des fessées, c'est que ça ne laissait place à aucune interprétation. Vous ne vous disiez pas : « Je me demande si elle veut que je continue à lui tirer la langue quand elle me dit d'aller ranger ma chambre. »

Comme ce serait pratique que nos enfants comprennent que, quand on dit non, c'est non. Pensez aux déchirements et aux problèmes qui nous seraient épargnés.

On ne se laisserait jamais entraîner dans cette spirale infernale si prévisible où leurs comportements et nos réactions s'intensifient peu à peu jusqu'à ce qu'on s'exclame: « Je vous ai dit tant de fois de ne pas faire ça ! » en se demandant pourquoi ils ne nous ont pas cru dès la première fois.

Les enfants sont un peu comme les chevaux, je suppose. Tout d'abord, il est plus facile de les attraper si vous parvenez à les faire venir à vous qu'en les pourchassant dans le pré. Mais surtout, je sais pour avoir grandi en montant à cheval qu'il est difficile de les contrôler si vos intentions ne sont pas claires depuis le début.

Le cheval commence à vous tester immédiatement, généralement en se mettant à marcher au moment où vous mettez le pied dans l'étrier. À cet instant, il est important de tirer sur les rênes en disant: « Quand je serai prêt, merci. » Mais les cavaliers (et les parents) sans expérience se mettent à rire nerveusement en disant: « Tant pis, c'est parti ! »

Nous ne pensons pas que le fait de se laisser mener par le cheval (ou par l'enfant) puisse avoir des conséquences désastreuses. Après tout, nous voulions justement nous diriger vers cette barrière.

Mais arrive rapidement un autre moment où le cheval doit apprendre qui dirige. En traversant un ruisseau, par exemple. La bête pensera peut-être: « Les pierres sont glissantes, l'eau est froide... sans façon, merci. » Et elle se dérobe. Mais non, nous insistons ! Nous lui donnons un petit coup et nous repositionnons le cheval devant le ruisseau. Mais plus tôt à la grange, il a senti que nous ne le contrôlions pas tout à fait, aussi risque-t-il de secouer la tête et de résister.

Maintenant qu'il démontre son opposition, c'est évidemment le pire moment pour capituler. Parce que dans ce cas, autant dire : « Si je t'ennuie, n'hésite pas à me le faire savoir. »

Quand je pense à l'éducation des enfants dans ces termes, tout me semble si simple. Si évident. Mais lorsqu'il s'agit de ses propres bambins, il est facile de flancher, n'est-ce pas ? Je dois avouer que j'ai déjà joué plusieurs fois la scène du ruisseau.

Je n'ai pas besoin de dire à Joe : « Tu es le cheval, et moi, le cavalier débutant. » Nous connaissons nos rôles respectifs.

C'est moi qui commence : « Non, pas de bonbons avant le dîner... Bon d'accord, un seul alors. » Ou bien : « Non, pas question que tu dormes dans notre lit... Bon d'accord, mais pas de coups de pied, alors. » Ou encore : « Non, éteins cette télé immédiatement... Bon d'accord, mais baisse le son, alors. » C'est toujours la même scène, avec une légère variation de scénario et de décor.

J'espère que le jour où Belle et Joe seront en âge de lire ceci, ils auront passé beaucoup de temps avec les chevaux et qu'ils seront flattés plutôt que vexés que je les ai comparés à ces animaux.

Un jour, j'ai vu un autre parent jouer le rôle du cavalier infortuné dans un magasin de jouets. En faisant la queue à la caisse, son fils ne cessait de le supplier de lui acheter un avion.

« Non, a dit le papa, nous sommes ici pour acheter un cadeau d'anniversaire à ta sœur, c'est tout. » Et tandis que les autres parents essayaient de ne rien remarquer, le petit garçon s'est mis à piquer une crise en sautant sur place.

Exactement comme un cheval, maintenant que j'y pense. Comme quoi j'avais bien remarqué quelque chose.

Le père était extrêmement gêné, d'autant plus que son fils s'est mis à hurler : « Tu ne m'achètes jamais rien. C'est toujours tout pour Megan ! »

J'ai espéré à ce moment-là que le père se redresserait sur sa selle et prendrait les rênes en escortant le gamin dehors et en lui expliquant que non seulement il ne lui achèterait pas l'avion, mais qu'il ne l'emmènerait plus au magasin s'il continuait à se comporter de la sorte. Et qu'il le ramènerait à la maison.

Mais le père n'a pas fait ça. Au lieu, il a dit d'un ton autoritaire : « D'accord, mais c'est un cadeau de Noël d'avance. » Tout allait bien, il n'avait pas perdu le contrôle.

Je peux tout à fait compatir avec lui, et je suis certaine que les autres parents qui étaient à la caisse le pouvaient aussi. Déjà, qui voudrait ramener son gamin à la maison sans avoir acheté ce qu'on était parti chercher ?

Ce ne serait vraiment pas pratique.

J'ai lu un article convaincant dans lequel une mère expliquait que c'était en général la raison pour laquelle les enfants étaient si rarement punis. Parce que ça tombe généralement mal.

Elle racontait qu'un jour, alors que ses enfants étaient au lycée, son mari et elle avaient dépensé beaucoup d'argent pour emmener toute la famille dans un parc d'attractions. Mais, deux minutes après leur arrivée, les enfants ont commencé à se battre entre eux. Les parents les ont alors pris chacun par un coude, les ont ramenés à la voiture et sont rentrés à la maison.

Impressionnant. Le prix des billets d'entrée, la journée en famille, tout ça fichu à l'eau parce que les parents avaient refusé que leurs enfants se comportent ainsi. Pas très pratique, hein ?

« Quoi, une mère fainéante qui nous suggère de faire un truc pénible ? » vous direz-vous.

Ça peut paraître un peu brutal, parce que je dis depuis le début que nous devons tous relâcher la pression et nous détendre, n'est-ce pas ?

Mais je n'en démords pas. Qu'est-ce qui est le moins pratique, je vous le demande ? Quitter un parc d'attractions, un magasin de jouets, un cinéma ou n'importe quel endroit une seule fois (je parie que ça suffirait) ou supporter le même genre de comportement à chaque fois que l'on emmène ses enfants quelque part et toujours réagir avec autant de faiblesse et d'inefficacité ?

Et voilà. Je me rallonge sur le canapé.

En parlant d'inefficacité, d'ailleurs, je me suis mise à rire quand une amie m'a parlé d'un cours à l'usage des parents dans lequel on lui a expliqué qu'il ne fallait jamais utiliser le mot « non ». À la place, on lui proposait des euphémismes comme : « Ce n'est pas une bonne idée ! »

Mais surtout, mon amie se demandait comment elle éviterait à ses enfants d'entendre « non » la première fois qu'ils quitteraient la maison. Elle avait remarqué que c'était un mot assez fréquemment utilisé.

Mes enfants ont d'ailleurs appris à bien le connaître. Ils ont découvert que je ne suis pas la seule à me mettre en colère, et que d'autres gens n'hésitent pas à dire « non ».

Un jour, à la piscine, Joe n'a pas obéi quand la surveillante de baignade a sifflé en annonçant la pause de dix minutes. J'étais déjà sortie de l'eau avec Belle et j'ai vu depuis ma chaise longue que mon fils était encore dans la piscine, désobéissant à un ordre qu'il avait très bien compris et qu'il avait toujours suivi auparavant.

La surveillante n'a pas sifflé une seconde fois. Elle n'a pas répété son ordre.

Elle connaissait Joe et savait qu'il l'avait très bien entendue la première fois et qu'il l'ignorait délibérément. Elle est descendue de son perchoir pour aller s'accroupir dans le petit bassin et, en regardant Joe dans les yeux, elle lui a dit que s'il n'obéissait pas aux règles et ne sortait pas de l'eau immédiatement, il n'aurait plus jamais le droit de revenir à la piscine. Alors, dehors ! Maintenant !

Bravo, la cavalière ! J'espère que cette jeune fille sera maman un jour. Ou qu'elle aura des chevaux. Ou qu'elle insufflera un peu de bon sens à ces cours débiles pour parents. Joe est sorti de la piscine avant qu'elle ait fini son petit discours persuasif. Il était mort de honte que quelqu'un d'autre que sa maman se soit fâché contre lui devant tout le monde. Il a découvert qu'il pouvait aussi s'attirer des ennuis avec des étrangers.

Les conséquences de son mauvais comportement à la piscine ont été rapides, claires et sans équivoque, sans être tout à fait naturelles (ce qui équivaudrait à le laisser couler au fond de l'eau). Au lieu de ça, il s'est fait engueuler par la jeune fille. Comme à la maison.

Je suis allée la voir et je l'ai remerciée d'avoir agi comme j'aurais dû le faire.

Mais, parfois, les paroles d'une maman ne sont pas aussi efficaces que celles d'une surveillante de baignade.

Quand les enfants étaient tout petits, mon mari et moi sommes partis deux semaines en vacances pendant qu'une de mes amies célibataires s'installait à la maison pour s'occuper de Belle et Joe ainsi que des chiens.

À notre retour, j'ai découvert que le vocabulaire de ma fille s'était enrichi de façon assez pittoresque. Le problème, c'était le mot « merde ». Elle ne pensait pas mal faire. Elle avait simplement intégré le mot dans son lexique comme n'importe quel autre et l'utilisait correctement.

Mais c'était vraiment étrange d'entendre une petite fille de deux ans dire : « Merde, mon chocolat est chaud. »

Je me suis immédiatement insurgée. « Belle, arrête de dire “merde” », ai-je ordonné.

— Pourquoi, maman ?

— C'est un gros mot.

— Pourquoi c'est un gros mot ? a-t-elle demandé.

— Euh... parce que ça veut dire « caca ».

— Et caca, c'est pas bien ?

— Ce n'est pas ça, ai-je vaillamment continué, mais certains mots sont grossiers et ça, c'en est un. Alors arrête de le dire, et je ne plaisante pas.

— D'accord, maman, je ne le dirai plus.

Vous admettrez que je m'en étais plutôt bien sortie. Et j'avais appris une chose : qu'il me suffisait d'expliquer à mes enfants ce qui ne se faisait pas en leur donnant la raison pour qu'ils m'obéissent sans broncher. Finies les fessées !

« Maman, je ne dirai plus "merde" », m'a annoncé Belle le lendemain sans prévenir.

« Je ne dirai pas "merde" et je ne vais pas dire "merde". »

Fichtre, je m'étais fait avoir. Elle avait utilisé le mot de façon à ce que je ne sache plus quoi dire. Franchement, j'avais envie de rire. Mais je sentais que j'allais perdre du terrain, alors j'ai quitté la pièce.

Quelques minutes plus tard, j'ai rassemblé mes esprits et je suis revenue.

« Belle, ai-je dit, si tu répètes ce mot, je te flanque une fessée. »

Heureusement, elle me connaissait suffisamment pour que ce soit inutile.

CHAPITRE 8

Un village, tout simplement

À une époque de ma carrière, j'ai effectué quatre-vingt-quatorze voyages en un an avec la même compagnie aérienne. Je m'en souviens parce que j'ai failli atteindre le statut de passager d'élite, ce qui m'aurait donné le droit de voyager en première classe pendant les douze mois suivants.

Je voyageais tellement que je n'avais presque pas de vie familiale ou sociale. En même temps, je ne voyageais pas suffisamment puisqu'il me manquait six trajets pour avoir le droit d'être un peu plus confortable et de recevoir des cocktails gratuits à chaque vol.

C'était le genre de situation où l'on ne gagne ni d'un côté ni de l'autre, ce que je déteste.

Cette frénésie de voyages a continué quelque temps quand j'ai repris mon travail après la naissance de Belle. J'ai épousé un partenaire à part entière qui ne rechigne pas lorsqu'il doit mettre la main à la pâte quand c'est nécessaire, et cela sans que j'aie à le forcer ou à le supplier. Mais il devait quand même aller travailler tous les jours. Donc, en plus d'avoir l'aide d'un mari qui était un père merveilleux, j'ai engagé une nounou à plein temps.

Je sais, c'est le genre de truc qui pourrait me valoir d'être conduite directement chez le psychiatre.

Mais j'ai souvent entendu dire qu'il fallait un « village » pour élever des enfants. Alors, moi je dis qu'il faut en engager un si c'est nécessaire. Ni mon mari ni moi n'avons de famille dans la région, alors pour nous, « village » signifie « nounou, baby-sitter, garderie, groupe d'éveil ».

Nous savons bien que nul n'aimera nos enfants autant que nous, mais nous avons découvert que plusieurs personnes pouvaient être exceptionnellement attentives et affectueuses envers Belle et Joe.

D'une certaine façon, j'ai moi-même été élevée dans un village. Presque tous les employés qui travaillaient dans le ranch habitaient sur les lieux, et certains étaient accompagnés de leur femme et de leurs enfants. Je suis certaine que c'est parce que j'ai eu la chance de grandir aussi bien entourée, et par des gens très différents, que je n'ai pas hésité à faire garder Belle et Joe.

Je me souviens de presque tous les gens qui sont venus chez nous, et chacun d'eux m'a aidé à mieux comprendre le monde.

Mes parents employaient quiconque avait un tant soit peu de savoir-faire et était prêt à travailler dur, sans tenir compte du caractère de la personne. Ainsi, au fil des années, toutes sortes de personnes ont été engagées, même si elles n'avaient pas toutes le profil de la baby-sitter idéale.

Je me souviens que le shérif a plus d'une fois prévenu mon père qu'un de ses employés était en train de dessoûler, sur les bancs de la prison du comté après une beuverie.

Mais c'est l'un de ces buveurs invétérés qui m'a sauvée d'un cheval qui avait pris la fuite quand j'avais quatre ou cinq ans. J'étais à cheval, terrifiée, et j'avais hurlé, ce qui n'avait pas du tout eu l'effet escompté sur la pauvre bête qui devait sans doute avoir encore plus peur que moi. Cet homme s'est précipité à ma rescousse, saisissant les rênes juste avant que le cheval ne se précipite sur la clôture en barbelés.

Je me souviendrai toujours d'un ouvrier aux cheveux coupés en brosse qui chiquait du tabac et blasphémait constamment. J'étais persuadé que c'était un homme, mais mon frère m'avait dit que c'était une femme.

Pour mes parents, ce qui importait c'est que cette personne soit capable d'enfoncer des piquets et de faire les foins. Dans un ranch, il faut travailler sept jours par semaine presque toute l'année. Et il s'agit en général d'un labeur physique, ce que tout le monde ne veut ou ne peut pas toujours faire. Mais elle, si.

Je dis « elle » car je sais que mon frère avait raison, et lorsque je me suis rendu compte que c'était une femme, je l'ai d'autant plus admirée.

Mes parents savaient que la réussite du ranch reposait sur la contribution de toutes sortes de gens et de personnalités. Mais nous en bénéficions tous. Je ne peux pas m'imaginer avoir grandi sans Ray, qui s'est occupé de l'irrigation pendant soixante ans, sans les frères Marty et Wayne, les meilleurs faucheurs qui soient quand ils étaient sobres, et sans Margaret, la cuisinière loufoque qui avait épousé Wayne.

Et je n'oublierai jamais la tragédie de Garcia. C'était l'un de mes préférés, en partie parce qu'il dépensait toujours une portion de sa paie pour nous acheter des bonbons, à mes frères et à moi. Mais un jour, notre père nous a annoncé que nous ne le reverrions plus.

« Garcia est un brave type, a commencé mon père, mais il a tué un homme en se battant avec un couteau. Même si c'était de la légitime défense, il va aller en prison. »

Nous ne l'avons jamais revu, mais j'ai toujours imaginé qu'il pensait à nous sur le banc de sa cellule. Je pense qu'il nous aimait réellement.

Il m'arrive souvent de souhaiter que Belle et Joe puissent grandir dans un ranch. Je ne pense pas que les gens qui les ont gardés jusqu'à présent aient déjà planté des poteaux ou mis en place des barbelés, et j'avoue que je suis comme eux.

Et pourtant, j'ai pu observer que mes enfants apprennent beaucoup de choses d'hommes et de femmes venus de pays comme le Mexique ou les

Philippines, qu'il s'agisse de nounous, d'éducateurs de garderie ou de baby-sitters.

Belle parle mieux espagnol que moi. Joe a pris confiance en lui et est devenu moins farouche. Ils savent tous les deux manger avec des baguettes et apprécient davantage la nourriture épicée que la plupart de leurs amis.

Et pourtant, je sais que beaucoup de mamans se sentent coupables quand elles ne sont pas à la maison en train de s'occuper de leurs enfants. Et je sais ce que c'est de déposer ses enfants le matin dans une garderie qui ressemble parfois à une maison de fous. Mais quand je repense à mon enfance, je me dis que chaque nouvelle rencontre permet à Belle et Joe d'apprendre quelque chose d'intéressant ou d'avantageux.

De plus, je tiens à mon travail. J'ai toujours voulu écrire depuis le lycée et je n'ai pas changé d'idée en devenant maman. Je suis heureuse que mon métier m'ait donné l'occasion de résoudre des problèmes et de travailler avec des gens dont j'ai beaucoup appris. Presque chaque jour, j'ai l'impression qu'on me donne une chance que je ne manquerais pour rien au monde. Aussi, lorsque je passe mes priorités en revue, le bien-être de mes enfants est en haut de la liste, tout comme le mien. Ce qui signifie aussi ma carrière.

De plus, je ne pense pas qu'il soit nécessaire de choisir entre mes enfants et mon travail.

Selon moi, Belle et Joe profitent beaucoup plus d'une maman épanouie que d'une maman frustrée et tourmentée par sa culpabilité parce qu'elle n'estime pas avoir le droit de faire ce qui lui plaît. Aussi n'ai-je aucune hésitation à répondre à mes besoins et à poursuivre mes rêves personnels.

C'est ce que mes parents ont fait, et ils m'ont élevée pour que je fasse comme eux. J'espère que je suis en train de montrer le même exemple à Belle et Joe et qu'ils sauront faire la même chose.

Poursuivre ses rêves n'a sans doute pas la même signification pour vous que pour moi. En tout cas, je l'espère. Je serais désolée de penser que vous avez passé autant de temps que moi à écrire des phrases comme « Pour tout détail, se renseigner auprès du magasin. »

Pour certaines personnes, l'idéal, c'est de travailler à temps partiel. Et je sais que pour plusieurs parents, c'est de ne pas travailler à l'extérieur de la maison. Pour beaucoup d'entre eux, c'est une combinaison intéressante.

Le rêve de la nounou que nous employons à temps partiel, c'est de s'occuper des enfants des autres. Dieu merci !

J'entends beaucoup de gens affirmer qu'il est nécessaire d'avoir un « équilibre » entre sa carrière et sa famille. D'ailleurs, une de mes amies, trouvant sans doute que ma vie n'était pas très organisée, m'a offert deux cassettes d'une heure expliquant comment parvenir à cet équilibre. Évidemment, je ne les ai jamais écoutées, en partie parce que je suis certaine que ce serait d'un ennui mortel, mais aussi parce que je pense que l'équilibre parfait n'existe pas. Quand j'observe les mamans que j'admire, elles sont constamment en train de jongler, de faire des compromis et d'adapter les règles aux circonstances, que ce soit à la maison ou au travail.

Je pense que ce faisant, elles donnent l'exemple à leurs enfants car ils vont devoir faire la même chose toute leur vie. Même s'ils ne deviennent jamais parents.

Mais puisque j'en suis à jongler avec mes enfants et mon travail, je me dois de mentionner une autre balle avec laquelle je dois aussi jongler : mon cher mari. J'ai déjà dit que ma carrière était une priorité, mais mon mariage aussi. Et je pense qu'il est important pour Belle et Joe que je réussisse sur ces deux plans.

Ce n'est pas toujours facile, bien sûr. Mes clients peuvent être pénibles, mais je me dis que ce sont eux qui me paient, et ça m'aide. Par contre, quand je fais la lessive, c'est gratuitement. Et il y a des jours où je suis prête à frapper mon mari avec la poêle incrustée d'œufs qu'il a laissée dans l'évier pour que « quelqu'un » la lave. Je ne suis pas sa mère, nom d'un chien, et j'ai assez de trucs à faire. Puis je réalise que je n'ai jamais tondu le gazon.

Notre relation n'est pas parfaite, mais nous faisons de notre mieux. Mon mari a un excellent sens de l'humour et, souvent, c'est ce qui nous empêche d'aller trop loin. En tout cas, mes enfants savent qu'il est possible de s'engueuler de façon véhémente en s'aimant quand même. Et que parfois, les gens (y compris leur mère) peuvent mal se conduire et se faire pardonner malgré tout.

Mon mari et moi n'hésitons pas à montrer à Belle et Joe que tout en les aimant nous continuons à nous aimer. Nous n'hésitons pas à appeler une baby-sitter pour pouvoir simplement passer la soirée ensemble. Et nous nous embrassons même devant eux, plutôt que de nous battre avec une poêle à frire.

Nous savons qu'en nous regardant, Belle et Joe apprennent à comprendre les relations humaines. Nous espérons qu'ainsi ils sauront comment ils veulent être traités dans leur vie amoureuse.

C'est en tenant ce raisonnement que je me dis qu'un enfant est sans doute stimulé lorsqu'il voit sa mère continuer à faire des choses qui lui plaisent et qui lui donnent de l'énergie.

Je connais plusieurs mamans qui, comme moi, ont eu des enfants à la fin de la trentaine et, pour certaines d'entre elles, ce bébé est pratiquement un miracle. Elles ont invoqué la science et les dieux pour avoir leur enfant. Et à sa naissance, elles se disent qu'il serait déloyal de ne pas en faire le centre de l'univers, ce qui signifie souvent qu'elles abandonnent une carrière qu'elles aimaient.

Je voudrais pouvoir leur décrire la fierté de mes neveux devant la carrière légale de leur mère et la façon dont ça les motive. Un jour, elle fait une plaidoirie, et le suivant, elle fait vacciner ses enfants. Je regrette parfois qu'elle n'ait pas de fille, car je peux imaginer comment une petite fille s'épanouirait au sein de cette famille, avec deux parents qui s'aiment, se respectent et travaillent dur pour réussir selon leurs propres critères.

Cela ressemble beaucoup à la famille dans laquelle j'ai grandi. Il est vrai que je n'ai jamais vu mon père étaler une pâte et qu'en général ma mère ne se servait pas de la lampe à souder, mais ils partageaient l'autorité et la quantité de travail qu'ils accomplissaient à parts égales. D'ailleurs, il y avait bien trop de tâches à faire, saison après saison, pour se laisser aller à se demander si elles devaient être dévolues plutôt à un homme ou à une femme.

Mes parents travaillaient au ranch, et c'est là que nous habitions. Je pense que j'avais de la chance qu'ils ne partent pas travailler le matin dans un bureau interdit aux enfants. Par contre, ils ne terminaient pas à dix-sept heures. Le travail était si bien intégré à nos vies que je ne le considérais même pas comme tel. C'était simplement quelque chose qu'il fallait faire, même si c'était un samedi.

Mais je ne me suis jamais sentie négligée parce que mes parents travaillaient tout le temps. Et ce n'est pas parce que mes premiers souvenirs sont liés à certaines tâches que j'ai l'impression d'avoir été maltraitée. Je suis reconnaissance à mes parents de m'avoir appris l'amour du travail bien fait, même si je sais à présent qu'ils n'essayaient pas de me faire rentrer dans un moule.

« Nous avions vraiment besoin de ton aide », me dit mon père. Je me souviens combien il était précieux d'être utile, même si je n'étais qu'une enfant.

Il est vrai qu'un directeur artistique, en me refusant un poste de rédactrice dans son agence de pub, m'a informé qu'il était inutile de mentionner dans mon C.V. que je savais conduire un tracteur. Cela ne m'aiderait pas à me faire embaucher dans le monde des affaires en Amérique, m'a-t-il expliqué aussi gentiment que possible.

J'avais été naïve, semblait-il. Je pensais que les entreprises – y compris les agences de pub – chercheraient avant tout des gens responsables et qui n'avaient pas peur de travailler. Et pour conduire un tracteur, vous l'auriez compris en lisant mon C.V., il ne s'agissait pas simplement de le diriger. Il fallait aussi ramasser le foin coupé en rangées absolument parallèles, vérifier le niveau d'essence, d'huile et de liquide de refroidissement afin que le tracteur fonctionne bien, sans oublier de graisser tous les jours les joints du râteau et de la machine.

Mais je me suis dit que ce directeur artistique représentait aussi d'autres employeurs potentiels, et j'ai suivi son conseil.

Je suppose que ce faisant, je me suis dit – comme la plupart des gens – que c'était un travail insignifiant. Mais à présent, je réalise que je me trompais. Chaque travail a ses heures de gloire, mais aussi son lot de corvées, qu'il s'agisse de conduire un tracteur, de faire de la publicité ou d'être Président des États-Unis.

Je pense que les travaux que j'ai effectués au ranch m'ont permis d'être une meilleure employée, même si mon patron et mes clients n'en savent rien puisque j'ai retiré cette expérience de mon C.V.

Mais je ne suis pas au-dessus des corvées, ça, c'est certain.

La profession que j'ai choisie est loin des champs de foin de mon enfance, mais je n'ai jamais éprouvé de difficultés à me lever pour aller travailler le matin. La vérité, c'est que je suis toujours un peu gênée de ne pas arriver au bureau avant neuf heures, quand ce n'est pas plus tard, après avoir passé la moitié de la matinée à m'occuper de ma famille. Mais j'ai aussi modifié mes habitudes de travail. J'ai appris à me servir d'un ordinateur aussi bien que d'un tracteur et à me satisfaire des résultats de mes efforts, même s'ils sont aussi insignifiants qu'une publicité de trente secondes à la télé.

À un certain moment, j'ai senti que ma carrière devenait morne et répétitive. Mon boulot me semblait encore plus insignifiant que lorsque je conduisais un tracteur. J'ai dit à ma mère que j'avais l'intention de démissionner parce que je n'avais pas l'impression de faire quelque chose d'important. À l'époque, ça me paraissait trop facile, et je commençais à trouver que ce domaine était vraiment futile, que ce n'était pas en faisant des pubs pour les magazines et la télévision que j'allais contribuer à sauver la planète.

« Tu as raison, ça ne contribue qu'à aggraver les choses », renchériraient sans aucun doute beaucoup de gens.

Je ne suis pas certaine que ma mère aurait été d'accord, mais je sais qu'elle ne comprenait pas très bien ce que je faisais. J'étais un jour en ville avec elle lorsque nous sommes passées devant une pub gigantesque sur laquelle j'avais travaillé.

Je lui ai fait remarquer que c'était moi qui avais pondu ce petit bijou, et elle m'a répondu : « C'est toi qui as écrit ça ? Il n'y a que trois mots. »

Aussi vous pensez sans doute que, quand je lui ai mentionné plusieurs années plus tard que mon boulot n'était pas important, elle a acquiescé. Mais elle m'a dit que j'avais tort et que le principal, c'était d'accomplir la tâche qu'on avait choisie du mieux possible et en travaillant dur. Et qu'il n'y avait pas de meilleure façon de contribuer à un monde meilleur.

C'est exactement ce que je vais dire à Belle et Joe, et j'espère que mes enfants auront le bonheur de mener une carrière exigeante et stimulante dans le domaine de leur choix. Je tiens surtout à ce que ma fille ait une mère qui puisse lui servir de modèle dans la vie. Et je veux que mon fils ait une vision des femmes telle qu'il choisira d'avoir une partenaire qui sera son égale, et non sa bonne.

Et je réalise que si tout fonctionne pour eux comme je l'espère, mes précieux petits-enfants – si j'ai un jour la chance d'être grand-mère – seront certainement en partie élevés par une nounou.

Sobre comme un chameau, bien sûr.

CHAPITRE 9

Quelqu'un a vu mon instinct ?

Si vous vous dites que je ferais mieux d'arrêter, vous n'êtes pas la première personne à le penser. Mais pourquoi m'arrêter maintenant ? Pourquoi décider que c'est le dernier chapitre alors que je viens à peine d'aborder le sujet de l'éducation ? Je pourrais parler de tant d'autres choses.

La nutrition, l'heure du coucher, les vêtements...

C'est vrai, il y a encore bien d'autres domaines que je n'ai pas évoqués. Mais je n'ai pas forcément besoin d'en parler. Parce que beaucoup de gens s'y sont appliqués avant moi, à l'excès. Je pense d'ailleurs que le surplus d'informations est plus inquiétant que le surplus de jouets, d'albums et de bols de céréales personnalisés.

Allez simplement faire un tour sur Google.com. Saviez-vous qu'en lançant une recherche avec les mots « parents » et « conseils », on trouve plus de deux millions de sites ?

Et même si vous raffinez votre recherche, les résultats sont stupéfiants. Regardez un peu l'expression « apprentissage de la propreté », et vous constaterez qu'il y a près de trente deux mille sites. Certains sites sont entièrement dédiés à ce sujet.

Pensez-y, cela veut dire que des gens ont choisi d'en faire carrière et qu'ils pensent donc pouvoir gagner de l'argent en créant des sites destinés à expliquer quelque chose que les humains font avec succès depuis que les Romains ont inventé la plomberie.

J'espère que vous vous demandez à présent : « Ai-je vraiment besoin d'en savoir plus ? »

Peut-être pas. Pas si vous êtes une personne raisonnablement sympathique et qui aime ses enfants. Je me souviens de ma première grossesse ; j'aimais ma fille passionnément, même si mes lèvres n'avaient jamais touché ses petites joues douces. Je me souviens qu'en voyant son visage pour la première fois, j'ai pleuré de joie, de reconnaissance et d'émerveillement.

Cet amour est certainement le meilleur outil que des parents puissent avoir, même s'il ne nous coûte absolument rien. Cela signifie que nous sommes sans doute programmés pour bien faire et que nous réussirons peut-être parfaitement bien à élever nos enfants si nous nous le permettons et si nous écoutons notre instinct.

Je reconnais que mon instinct n'est pas toujours très bon. Il peut m'arriver d'avoir une envie furieuse d'attacher Belle et Joe à leur chaise pour l'après-midi, mais il y a toujours quelque chose en moi qui m'empêche de céder à la tentation. C'est peut-être simplement que je suis assez intelligente pour savoir que ça ne servirait à rien. Et peut-être qu'au fond, je suis aussi futée que le paresseux – je parle de l'animal – qui sait instinctivement comment élever ses petits sans avoir besoin de passer en revue toute la section éducation de la librairie.

Non seulement je suis futée, mais mes enfants semblent l'être encore plus que moi. Et je ne veux surtout pas les sous-estimer.

Je connais des parents qui parlent d'eux-mêmes à la troisième personne quand ils s'adressent à leurs enfants: « Maman va prendre une douche maintenant », parce qu'ils ont lu quelque part que les enfants ne comprenaient pas les pronoms. Et selon les experts, ils ne comprennent pas non plus l'ironie, mais ça ne m'explique pas pourquoi Joe, à trois ans, me dit: « Bravo! » quand je rate mon coup en faisant sauter une crêpe.

Et les enfants ne sont pas censés comprendre la signification d'une fessée reçue après avoir frappé leur frère avec leur cartable. Les miens, en tout cas, ont parfaitement saisi.

Et pourquoi? Peut-être parce que je suis si mal informée sur leurs capacités que je m'attends à ce qu'ils comprennent tout. Mais je dois dire que j'ai rarement été déçue en misant sur Belle et Joe. Et ils se débrouillent généralement mieux quand je ne suis pas dans leurs pattes.

Je me demande si nous laissons vraiment nos enfants développer tout leur potentiel et si nous leur attribuons suffisamment de mérite, ainsi qu'à nous-mêmes, lorsque nous nous plongeons dans les magazines pour parents et dans les manuels de référence. Je me demande aussi si nous ne leur bloquons pas plutôt le chemin lorsque nous tombons dans le piège de la compétition de l'enfant le plus exceptionnel.

Je me demande enfin si nous écoutons les fantômes de nos ancêtres, qui savaient souvent très bien comment élever les jeunes générations.

D'une façon ou d'une autre, ils y arrivaient, comme je le remarque en observant mes parents et mes grands-parents. C'est grâce à eux si je sais que de nos jours plusieurs des trucs que nous sommes censés faire et acheter, en tant que parents, ne sont pas nécessaires. Et que même si vous n'avez eu ni garderie de luxe, ni jeux éducatifs, ni prof de maths particulier, vous pouvez encore réussir dans la vie. Et même devenir une personne formidable.

Pensez à votre propre famille, et je suis certaine que vous trouverez des parents qui ont élevé des enfants heureux et productifs sans faire de fixation sur la méthodologie.

D'une certaine façon, les mères de la génération précédente avaient de la chance, parce que la surabondance littéralement vertigineuse d'articles, de livres et d'équipements à laquelle nous devons faire face suffirait à faire tourner la tête de la plus solide d'entre nous.

Mais le plus gros problème, ce n'est pas la confusion, c'est la séduction. Nous aimerions tous croire que quelqu'un a découvert la formule secrète qui nous garantira la réussite, à nous et à notre enfant.

Cela me rappelle ma détermination à perdre du poids après la naissance de Belle. J'ai cherché les dernières informations disponibles dans les librairies et sur Internet. Et quand on parle de vertige… Il existe des milliers de bouquins sur ce sujet, sans compter les livres de recettes. Et beaucoup d'entre eux sont « nouveaux », si ce n'est « révolutionnaires ». Je savais que si je me mettais à y croire, j'allais être sévèrement déçue, mais ça ne m'a pas empêchée. Je voulais que quelqu'un me donne la méthode, même si ce n'était pas vraiment un mystère et même si je savais très bien que je fonctionnais de la même façon qu'auparavant.

Si je mangeais trop, je prenais du poids.

Je dois déjà connaître quelques vérités aussi simples au sujet de mes enfants, même s'il peut m'arriver de me laisser distraire par l'excès d'informations portant sur leur éducation. Mais je suis sans doute capable de me débrouiller toute seule.

En tout cas, je l'espère, parce que suivre les instructions, ce n'est pas mon fort.

Je suis consciente que certains parents trouveront peut-être difficile de s'en sortir tous seuls. Je suis une maman fainéante, alors je comprends très bien ce qu'ils peuvent ressentir. Mais je peux dire honnêtement que, jusqu'ici, il a été plus facile de suivre mon instinct que de céder aux normes culturelles du jour. Ça prend tout simplement moins de temps. Et moins d'argent, d'ailleurs. Ce qui ne me dérange nullement.

Mais, même si je croyais qu'il existe un livre qui donne toutes les réponses, je me tromperais. J'ai vu des manuels à côté desquels *Guerre et Paix* avait l'air d'un roman de gare et qui pourtant n'étaient pas exhaustifs. Tout cela, parce que les théories sur l'éducation changent constamment.

Par exemple, on entend dire depuis des années que nos enfants s'exposent beaucoup trop au soleil. Il faut vraiment être un paresseux – je parle toujours de l'animal – pour ne pas savoir ça. Mais je viens justement de lire un article expliquant que de nos jours, les enfants ont de sérieuses carences en vitamine D. Et pourquoi ? À cause du manque de soleil.

Quelqu'un n'a-t-il pas dit, il y a très longtemps : « De la modération en toutes choses » ? Cette phrase me semble toujours d'actualité. Et il existe un bon nombre d'idées toutes aussi valides qui existaient bien avant l'apparition du site www.geniusbabies.com.

Mais oui, il s'agit d'une adresse qui existe vraiment. Et je suis certaine que les gens qui ne sont pas du tout d'accord avec moi l'auront déjà notée. Je leur souhaite d'avoir beaucoup de temps et d'argent à dépenser.

Ils y trouveront peut-être quelque chose d'utile. Il est évident que la science a fait certaines découvertes au cours des dernières décennies qui ont pu nous aider à élever notre progéniture et même à corriger certaines erreurs commises par les générations précédentes, qui pourtant essayaient de faire de leur mieux.

Et bien sûr, on a inventé quelques outils qui nous rendent la vie plus facile. Ma grand-mère pouvait savoir si ses enfants avaient de la fièvre en touchant leur front du dos de sa main. Ma mère avait un thermomètre au mercure. Le mien est à affichage numérique.

C'est un progrès ; peut-être pas un progrès médical, mais technologique, certainement. Et moi, le progrès, je suis fan.

Mais allez un jour sur Internet ou dans la section éducation de votre librairie, et vous verrez par vous-même l'étendue et la variété des instructions détaillées (et souvent contradictoires) qui sont fournies aux parents modernes.

Demandez-vous alors : Comment, mais comment donc nos parents et nos grands-parents se sont-ils débrouillés sans ce ramassis de données ?

Rendez-vous ensuite dans un grand magasin spécialisé pour bébés et posez-vous la même question, mais en remplaçant le mot « données » par « trucs ».

Nos ancêtres étaient-ils simplement des fainéants ? Pas à l'époque. C'est sans doute pour ça que j'en suis une : je suis née trente ans trop tard. Mais peut-être pas. Et peut-être qu'à l'instar de mes parents et de mes grands-parents, je peux parfaitement être maman sans avoir besoin d'une bibliothèque entière pour me dire ce que je dois faire.

Je n'ai pas non plus besoin de magazines, de la télévision ni d'Internet. Et surtout pas de ces campagnes de marketing qui profitent de mes bonnes intentions pour gagner de l'argent sur mon dos.

Peut-être que je sais très bien comment faire.

Sinon, pardieu, je me débrouillerai.

Table des matières

Québec, Canada
2006